Sabine Kühn

Einstieg in die Geomantie

Sabine Kühn

Einstieg in die Geomantie

Die Kraft des Lebensraumes nutzen

Silberschnur Verlag

ISBN: 978-3-89845-525-1
1. Auflage 2016

Fotos: Sabine Kün
Gestaltung & Satz: XPresentation, Güllesheim
Umschlaggestaltung: XPresentation, Güllesheim
Druck: Finidr, s.r.o. Cesky Tesin

Verlag »Die Silberschnur« GmbH · Steinstr. 1 · 56593 Güllesheim
www.silberschnur.de · E-Mail: info@silberschnur.de

Inhalt

Einleitung

Als ich anfing, mich mit der Geomantie zu beschäftigen, wurde mir eines sofort klar: Es gibt keine allgemeingültigen Vorgehensweisen und Wahrnehmungen. So machte ich es mir zu eigen, das, was ich beruflich bereits an Energiearbeit für Menschen nutze, auf Räume zu übertragen und mithilfe der Wünschelrute und der Radiästhesie sowie mit meinen zahlreichen selbst entwickelten Pendeltafeln loszulegen.

Ich hatte meine Tätigkeit vorher nie der Geomantie zugeordnet, aber im Grunde schaute ich beim Austesten von Energiewerten für Räume und Plätze danach, wie sie zu verbessern waren. (Allerdings gehört die Baubiologie bei mir nicht dazu, das überlasse ich entsprechend ausgebildeten Fachkräften.) Ich überlegte, wie ich mein Wissen mehr Menschen zugänglich machen konnte, und fing einfach einmal an, alles niederzuschreiben und öfter einmal einen Fotoapparat mitzunehmen, wenn ich draußen unterwegs war. Es wurde mehr Material, als ich mir zu Beginn vorstellen konnte.

Dieses Buch gibt Ihnen die Möglichkeit, Ihr Umfeld, die Natur, Ihr eigenes Wesen genauer zu betrachten und durch neue Wahrnehmungen und neue Betrachtungsweisen an der Harmonisierung und der bewussten Lebensgestaltung zum Wohle aller mitzuwirken. Es ist ein Einstieg, den Sie jederzeit nach Ihren individuellen Ansichten und Erkenntnissen erweitern können, denn Möglichkeiten dazu gibt es genug. Ich persönlich halte es so: Für die Bereiche, die ich selbst nicht beherrsche, suche ich mir Unterstützung. Denn so wie die Natur einzigartig ist, ist es auch jeder Mensch mit seinen Fähigkeiten – und so bilden wir perfekte Teams.

Natürlich hat alles zwei Seiten. Je mehr Sie über Ihre Umwelt erfahren, desto sensibler werden Sie für sie. Streng betrachtet dürften Sie mit dem ganzen Wissen, das Sie ansammeln werden, beispielsweise dann kein Auto mehr fahren, keinen Verpackungsmüll mehr produzieren oder Abwässer nicht mehr verunreinigen, um nur einen Bruchteil all unserer Vergehen aufzuführen.

Wichtig ist mir auf jeden Fall, die Natur für Menschen zugänglicher zu machen und aufzuzeigen, dass wir sehr wohl auch im Kleinen Einfluss auf die Natur haben. Bemächtigen Sie sich Ihrer Fähigkeiten, und denken Sie daran: Auch kleine Schritte sind besser als gar keine Handlung. Oftmals genügt es am Anfang schon, bewusst mit offenen Augen durch die Natur oder Räume zu gehen und sie eingehend zu betrachten.

Ob ein einzelner Mensch jemals alle Facetten der Geomantie so beherrschen kann, dass man von allgemein verwertbarem Wissen sprechen kann, vermag ich nicht zu beurteilen. Alles auf dieser Welt ist einzigartig, und so gibt es keine allgemeingültigen Regeln, die man aufstellen kann, die absolute Sicherheit bieten. Mit Übung kann man jedoch trainieren, Orte und Räume mit allen Sinnen zu erfassen und zu schauen, wo Handlungsbedarf besteht.

Ich bin weder allwissend noch sehe ich alle feinstofflichen Aspekte. Ich nutze das, was mir zur Verfügung steht. Vieles, was unter Geomantie gelehrt wird, habe ich nicht vertieft, weil es mir für meine Arbeitsweise zu kompliziert erschien. Ich habe die innere Einstellung, dass alles Große einfach ist! Aber Aspekte, die ich mir zunutze mache und die mich sehr interessieren, habe ich für Sie beschrieben. Ich hoffe, ich kann Ihnen ein wenig Spaß an der Geomantie vermitteln, basierend auf einfachen Grundlagen – denn Sie sollen Freude daran haben, geomantische Ansätze zu erlernen.

Meine Recherchen hinsichtlich der Geomantie ergaben, dass sich viele Menschen, darunter zahlreiche Autoren, intensiv mit der Geomantie in verschiedenen Ländern beschäftigten und viele Fakten zusammengetragen haben. Sehr bekannt ist Marko Pogačnik. Er gilt als einer der bekanntesten Geomanten und wird auch für Stadtprojekte gebucht. Er beschreibt die Geomantie und ihre vielseitigen feinstofflichen Facetten sowie geschichtliche Fakten sehr umfangreich.

Geschichtliche Nachforschungen waren mir nie wichtig, das Interesse hatte ich schon zu Schulzeiten kaum. Ich habe kein Interesse daran, mit einer Rute durch Ortschaften oder ganze Landschaften zu laufen und Verbindungslinien zwischen Orten oder Bauwerken zu suchen oder deren Geschichte zu beleuchten. Daher werden Sie in diesem Buch kaum Hinweise auf historische Quellen und Überlieferungen finden. Viel mehr interessiert mich das Hier und Jetzt mit all seinen Möglichkeiten. Und ich bin gerne kreativ, liebe es zu experimentieren und schaue mir an, was passiert. Daher möchte ich Ihnen zahlreiche Erkenntnisse und Wissenswertes für den Einstieg mitgeben.

Ich habe meine eigene Geomantiephilosophie aus meinen Erfahrungen entwickelt und lade Sie ein zu schauen, inwieweit ich Sie mitnehmen kann. Es wird wohl Esoterik bleiben, und wer nur das glauben mag, was er mit seinen fünf Sinnen als real erachtet, wird sich schwertun, sich auf geomantische Ansichten einzulassen. Alle anderen aber hoffe ich, in einer greifbaren und praxisnahen Form in Verbindung mit der Geomantie bringen zu können. Ich freue mich jedenfalls, dass ich Sie an meinen Ansichten teilhaben lassen darf und Sie unter Umständen künftig eine neue Sichtweise auf unser Leben auf der Erde gewinnen können.

Grundvoraussetzungen

In der Geomantie wird die Annahme zugrunde gelegt, dass die Erde ein lebendiges Wesen ist und alle Lebensformen über das materielle Dasein hinaus ein geistiges und ein seelisches Dasein haben. Es werden in der Geomantie auch Lebensformen beschrieben, die scheinbar keine materielle, aber eine geistig-seelische Existenzform haben, wenn es um Feen, Elfen, Gnome oder insgesamt um Naturwesen geht. Des Weiteren sollte man für die Ansicht offen sein, dass wir Menschen und die Erde mehr sind als dasjenige, was unsere fünf Sinne begreifen. Es geht hier nicht nur um die Wahrnehmung, das, was wir vordergründig mit dem physischen Auge erfassen und unter fester Materie verstehen. Wir erfassen vielmehr auch das, was für das physische Auge unsichtbar ist – wir nennen das die feinstofflichen Bereiche. Viele Menschen sperren sich gegen diese Vorstellungen aus Angst, für verrückt erklärt zu werden oder als esoterischer Spinner dazustehen. Für viele Urvölker dagegen war es ganz normal, mit anderen Sphären und Dimensionen zu kommunizieren.

Heute ist es wissenschaftlich bewiesen, dass es keine feste Materie gibt. Alles im Universum besteht aus Energie beziehungsweise aus elektromagnetischen Schwingungen, und ist die Energie verdichtet, nehmen wir sie als feste Materie wahr. Da alles Energie ist, hat alles auch ein energetisches Feld, über das Informationen gesendet und empfangen werden. Um ein Verständnis für die Geomantie zu bekommen, müssen wir offen dafür sein, mit Schwingungen und Energien zu arbeiten. Wenn also alles schwingt, egal ob es sich um Steine, Farben, Zeichen etc. handelt, und alles Informationen sendet und empfängt, so steht alles miteinander in Kommunikation. Auch diese Einstellung ist wichtig zum besseren Verständnis der nachfolgenden Kapitel und zum Verständnis der Geomantie.

In späteren Kapiteln werden wir uns näher mit der Raum- und Erdheilung befassen. Auch hier liegt die Annahme zugrunde, dass energetische Felder vorliegen, die auf bestimmten Frequenzen schwingen. Einen Raum oder einen Ort in eine andere Frequenz zu bringen, die harmonisierend oder stärkend wirkt, kann die Erd- oder Raumheilung begünstigen. Dies setzt auch voraus, dass wir bereit sind, uns für die Annahme zu öffnen, dass jeder Gedanke, jedes Wort, jedes Gefühl eine Frequenz erschafft, die unter Umständen durch ihre Intensität bleibende Spuren an Orten oder Räumen hinterlassen hat – sowohl im positiven als auch negativen Sinne. Ich gehe in diesem Buch daher auch auf die Raumheilung ein, denn sie bietet ebenfalls ein Übungsfeld für die Wahrnehmung der Erde und gibt Ihnen gleichzeitig die Möglichkeit, direkt etwas für sich zu tun.

Wichtig:

Die in der Geomantie beschriebenen Energiephänomene – und dazu zählen auch die Messungen mithilfe der Radiästhesie – sind wissenschaftlich nicht nachweisbar und für die Wissenschaft auch nicht haltbar. Auch die beschriebenen Gitternetze und Ley-Linien konnten mit physikalischen Messinstrumenten bislang nicht nachgewiesen werden.

Hinweis für Sie persönlich

Testen Sie Störfelder nur aus, wenn Sie sich vital genug dafür fühlen, da diese Form von Energiearbeit an Ihren Energiereserven zehren kann.

Was ist Geomantie?

Geomantie oder Geomantik bedeutet – aus dem Altgriechischen übersetzt – so viel wie »Weissagung der Erde« (*geo* für »Erde« und *-mantik* für »Weissagung«). Man glaubt, dass sie ihren Ursprung im arabischen Nordafrika hat, durch lateinische Übersetzungen arabischer Werke nach Europa gelangte und dort zu Zeiten der Renaissance zu einer beliebten Methode der Wahrsagerei wurde. Dabei wurde aus den Zeichen der Erde abgeleitet, wie ihr Zustand war oder welche Konsequenzen in der Zukunft zu erwarten waren. Dazu zählt auch das Orakeln mithilfe von Bodenmaterialien wie Erde, Sand und Steinen. Dies wird zusammen mit den feinstofflichen Aspekten einer der Gründe sein, warum die Geomantie in der Esoteriksparte angesiedelt ist. Heute verbindet man in der westlichen Welt jedoch kaum noch das Orakeln mit der Geomantie, sondern vielmehr die Kunst, die Qualität eines Lebensraumes, eines Ortes oder einer Landschaft zu erkennen und ihr einen angemessenen Respekt entgegenzubringen. Auch die Erdheilung, die Heilung von Räumen und die ihnen innewohnende Energie wird bei der Geomantie beschrieben.

Viele Geomanten vereinen heute die Baubiologie und die optimale Wohnraumnutzung oder -gestaltung mit der Berücksichtigung von Erdstrahlen, um Mensch und Natur angemessen in Einklang zu bringen. Dazu gehört auch der Bereich der Architektur, bei dem darauf geachtet wird, Bauwerke so in das Landschaftsbild einzufügen, dass sie nicht als Störfaktor wahrgenommen werden, sondern ein harmonisches Gesamtbild mit der sie umgebenden Natur bilden. Dies hat nicht mehr viel mit dem Orakeln zu tun, es berücksichtigt vielmehr Aspekte, die wir aus den Lehren des Feng-Shui kennen.

Die Geomantie bezieht sich aber auch auf die Naturerhaltung beziehungsweise Landschaftspflege, wie sie die alten weisen Naturvölker anwandten. Diese verstanden es, die Natur so zu nutzen, dass sie darin überleben konnten. Sie waren bestrebt, die Natur zu schützten und für die Nachkommen zu erhalten. Dabei nutzten sie auch rituelle Praktiken. So gibt es genügend Berichte von Stämmen, die Götter anbeteten, um genug Ernte einfahren zu können oder um Regen zu erbitten. Mit ihren Ritualen wollten sie symbolisch die Verbindung zwischen der Natur und ihrem

Volk herstellen. Viele Naturvölker nehmen die Erde wie ein Lebewesen wahr. Nicht umsonst wird die Erde auch Mutter Erde oder Lady Gaia genannt.

Beschäftigt man sich mit der Geomantie, lehrt sie einen, darauf zu achten, seine Aktivitäten so zu gestalten, dass sie im Einklang mit der Natur und den geistigen und energetischen Gesetzmäßigkeiten stehen. Dieses Wissen unterstützt uns dabei, wieder bewusst mit der Erde umzugehen und ein umweltfreundliches Verhalten zu entwickeln. Für mich gehören dazu auch die Tiefenökologie, die Arne Naess unter dem Begriff Deep Ecology 1972 eingeführt hat und die das Ziel hat, ökologische Harmonie und ein ökologisches Gleichgewicht zu fördern. Dann gibt es noch die Ökopsychologie, die von Theodore Roszak 1974 als Begriff entwickelte wurde. Die Tiefenökologie sieht nach Roszak *»die Wurzel des ökologischen Übels in unserer unausrottbaren Überzeugung, dass Menschen jenseits der Natur und über der Natur stehen, sei es als Herr oder als Wächter«. (Wikipedia, abgerufen am 29.12.2015)*

Ein spirituelles und ganzheitliches Leben zu führen beinhaltet auch die Wertschätzung der Natur und das Leben im Einklang mit der Natur. Wir haben also die Wahl, ob wir die Natur weiter schädigen und ausbeuten – oder so viel wie möglich für ihren Erhalt tun.

Es gibt für die Beschäftigung mit der Geomantie keine Grenzen. Je mehr man liest, je mehr man erfährt, desto klarer wird: Für diesen Bereich scheint es keine festgelegten Regeln zu geben. Je mehr Aspekte man mit einfließen lassen möchte, desto komplizierter und unglaublich vielfältig wird sie. Rituale, Radiästhesie, Heilmethoden, Astrologie, Feng-Shui und vieles mehr zählt zum Bereich der Geomantie. Nicht nur aus diesem Grund ist die Geomantie für mich ein Synonym für die Mehrdimensionalität der Welt.

Zeit zum Umdenken

Dass es die Geomantie in der heutigen Form gibt und wir sie praktizieren, hat also den Grund, dass Menschen die Erde verwunden und ausbeuten. Wir müssen dringend schauen, wie wir sie wieder heilen können. Leider beweist die Gehirnforschung schon heute, dass die Gefahr besteht, dass immer mehr Menschen ihre empathischen Fähigkeiten verlieren. Mit dafür verantwortlich ist, dass sich viele vor dem Computer oder dem Handy verlieren und immer weniger im wirklichen Miteinander zugange sind. Wer nicht lernt oder gelernt hat, die Natur wirklich bewusst zu erleben, für den wird es schwierig, ein Bewusstsein für sie zu entwickeln. Erst kürzlich berichtete mir eine Geschäftspartnerin, dass im Februar eine Kundin bei ihr war, die sich wunderte, dass im Garten zurzeit gar nichts angebaut werde, sie vermisse die Zucchini. Eine erwachsene Frau wusste nicht, dass dieses Gemüse nicht ganzjährig in unseren Breitengraden wächst und zu ernten ist ... Gleiches gilt auch für Kräuter und andere Pflanzen. Ich bin nun wahrlich niemand, der alle Pflanzen benennen kann, auch nicht alle Baumarten oder Kräuter. Aber gängige Pflanzen wie Brennnessel oder Löwenzahn kennt auch nicht mehr jeder. Ich war schon erstaunt, als eine Kundin sagte, sie traue sich nicht, diese Kräuter zu sammeln, weil sie sich nicht gut genug auskenne.

Im Grunde ist es traurig, wie weit weg Menschen von der Natur und von den Naturgesetzen leben sowie diese übergehen und wie viel Wissen uns verloren gegangen ist. Viele Menschen akzeptieren in der heutigen Zeit nur noch das als Realität, was sie sich rational erklären können. Sie haben aufgehört, sich auf Gefühle und Eingebungen zu verlassen, und brauchen für alles eine wissenschaftliche Erklärung. Das führt nicht nur dazu, dass sie kaum mehr die Fähigkeit haben, gute und schlechte Plätze herauszufinden, es führt auch dazu, dass sie sehr wenig Gefühl für sich selbst haben. Alleine die steigenden Zahlen an Burnout zeigen, dass im Vorfeld nicht erkannt wird, was für das eigene Leben und den eigenen Körper wirklich wichtig ist. Und es fehlt nicht nur die Empathie für die Umwelt, sie schwindet auch im zwischenmenschlichen Bereich.

Vieles, von dem man meinen sollte, dass es den Menschen wichtig ist, scheint ganz weit entfernt von deren Wahrnehmung zu sein. Dabei braucht es noch nicht einmal die Annahme einer feinstofflichen Welt. Es kann einem schon die Tränen in die Augen treiben, wenn man sich nur mit dem offensichtlich Sichtbaren beschäftigt. Es fängt damit an, wie man sichtbar die Zerstörung der Umwelt und deren Verschmutzung erlebt. Früher hatten die Menschen nicht die Medien zur Verfügung, um sich kundig zu machen. Heute ist jeder fast jeden Tag stündlich oder sogar minütlich »online« – und trotzdem findet die Natur so wenig Unterstützung und ihre Ausbeutung wird stündlich vorangetrieben. Wo genug Geld gezahlt wird, darf scheinbar verschmutzt oder ausgebeutet werden. Wir nutzen Inseln zur Abfallentsorgung und zerstören einheimischen Menschen damit die Lebensgrundlage. Wir verschmutzen die Meere, wir roden uralte Wälder und Urwälder, wir behandeln Tiere wie gefühllose Sachgegenstände, rotten sie aus oder ziehen ihnen buchstäblich das Fell über die Ohren ... Die Liste ließe sich endlos fortsetzen. Es dürfte jedem einleuchten, dass das nicht endlos so weitergeht, auch wenn wir bisher noch mit einem blauen Auge davonkommen.

Ich kritisiere auch, dass Nahrungsmittel mit allen möglichen kennzeichnungspflichtigen und künstlichen Inhaltsstoffen versehen sind, gespritzt und bestrahlt werden und was es nicht noch alles gibt. Wo sind wir gelandet? Wir müssen beim Einkauf darauf achten, Bio-Ware zu erwischen. Müsste es nicht umgekehrt sein? Alles ist bio, und das, was nicht bio ist, trägt Warnungen?

Wir verseuchen unser Wasser. Es wird bereits davor gewarnt, dass Arzneimittelrückstände von uns und aus der Tiermast ins Grundwasser gelangen. Baumwolle und Leder haben Schadstoffe in sich, die wir über unsere Haut aufnehmen. Wir ersticken im Kunststoffmüll, selbst Großteile vom Meersalz beinhalten schon Kunststoffpartikel, verpesten die Luft. Doch wer denkt wirklich bewusst darüber nach?

Dann fällt mir auf, dass viele Menschen die Natur gar nicht genießen möchten. Wenn ich Fahrrad fahre oder jogge, staune ich, wie viele Menschen mit einem Stöpsel im Ohr und laut dröhnender Musik draußen unterwegs sind, statt den Vögeln zu lauschen.

Schauen wir uns im Frühjahr, wenn noch kein Gras gewachsen ist, unsere Straßenränder an. Müll wird aus dem Auto auf die Straße geworfen, manche Autobahnabfahrten gleichen eher einer Müllhalde als einem Grünstreifen. Es ist traurig anzusehen. – Auch ich fahre Auto, und ich habe leider manchmal mehr Plastikmüll zu Hause, als mir lieb ist. Ich hadere mit den kurzlebigen Elektrogeräten und dem damit produzierten Müll, auch ich kann mich dem Ganzen nicht völlig entziehen. Ich schaue jedoch, wo eine vernünftige Balance gefunden werden kann. Schritt für Schritt kommen so neue Aspekte hinzu und werden in den

Alltag integriert. So bauen wir zu Hause einiges an Obst und Gemüse an und sehen zu, dass genug für Vögel, Bienen, Hummeln zu finden ist. Wir fahren sehr viel Rad und lassen das Auto stehen, laufen und wandern viel. Und genau da fällt uns auf, dass wir mit unserem Gemüseanbau eine aussterbende Rasse im Ort sind. Viele Gärten haben nur noch ein paar Bäume – das sind meist nicht einmal Obstbäume – und Rasen. Manche Grundstücke sind sehr schön angelegt, andere wirken eher lieb- und leblos. Die Freude am Leben und der Natur ist für viele nicht mehr erlebbar.

Wäre es nicht wunderbar, wenn in jedem Garten Oasen für Vögel und Insekten entstehen würden? Wenn viele Blumen blühen würden und mit dem Nachbarn Gemüse und Obst, das im Überfluss vorhanden ist, über den Zaun getauscht wird? Wenn Kinder Freude daran hätten, die Wachstumsphasen ihres selbst ausgesäten Gemüses zu beobachten und wie es nach der Ernte verarbeitet wird? Wenn uns die Straßenränder im Frühjahr in sattem Grün entgegenstrahlen würden? Wenn wir an jeder Quelle Wasser trinken könnten, ohne Angst zu haben, uns zu vergiften? Auch wenn ich selbst keine Kinder habe, sehe ich mich in der Pflicht, ihnen eine schöne Welt zu hinterlassen. Eine Welt, die Nahrungsmittel statt Füllmaterial produziert und die ihren Artenreichtum bewahrt hat.

Was wäre, wenn jeder Mensch wüsste, dass er nach seinem Leben hier wieder neu inkarnieren müsste, um genau in der Umwelt zu leben, die er hinterlässt? Wie würde die Menschheit dann agieren?

Möglichkeiten und Grenzen in der Wahrnehmung und Ausführung der Geomantie

Ich habe in den letzten Jahren bereits zwei kleine Bücher über das Aurasehen und Auralesen geschrieben. Es war eine große Herausforderung für mich, da ich nicht von Kindheit an aurasichtig bin. Vielmehr habe ich über Jahre gelernt, feinen Impulsen, einem inneren Fühlen und Sehen zu vertrauen und nenne es eher »Sehfühlen« oder emotionales Sehen. Es gibt Menschen, die viel mehr Aspekte in der Aura* sehen können als ich. Trotzdem gibt es Bereiche, wie zum Beispiel Farben und Krafttiere, die ich verhältnismäßig gut sehe. Doch auch das ist von meiner eigenen Tagesform und der Offenheit meines Gegenübers abhängig. Und es ist eine Frage des Trainings und der Affinität zu bestimmten Themen. Ich liebe Farben und Tiere, und daher fällt mir das leicht. Ein Mediziner, der die Organe gut kennt, wird dafür diese leichter im Aurafeld erkennen können.

** Als Aura wird das Energiefeld beschrieben, das Lebewesen umgibt.*

Ähnlich ist es mit der Geomantie. Was ich geistig für möglich halte, werde ich wahrnehmen beziehungsweise lernen können. Was ich innerlich ablehne, wird sich mir nicht zeigen. Es bedarf einer gewissen Offenheit und Unvoreingenommenheit – und für den einen oder anderen auch das Überdenken seiner bisherigen Weltanschauung.

Heute gibt es bereits Schulen, um die Geomantie zu erlernen. Ich selbst habe eine Rutengeherausbildung und schreibe seit Jahren Pendelbücher, also Bücher, mithilfe derer man Pendeln oder die Arbeit mit der Einhandrute lernen kann und deren zahlreichen Testlisten die Möglichkeit bieten, Hilfe zur Selbsthilfe und zur Bewusstseinserweiterung zu finden. Eine explizite Geomantieausbildung habe ich nicht, und trotzdem gelingt es mir, in Zusammenarbeit mit einer Kollegin, Räume, Häuser und Grundstücke in Harmonie zu bringen. Mein Part ist das Aufspüren von Erdstrahlen, wohingegen meine Kollegin geistige Energien wesentlich differenzierter wahrnehmen kann. Bezüglich der Entwicklung von Hilfsmitteln bin ich kreativer, sie unterstützt mich bei der Forschung. Sie werden also unter Umständen viel üben und selbst feststellen müssen, wo Ihre Stärken liegen.

Ich habe eben den Begriff »geistige Energien« verwendet, auf den ich hier noch etwas näher eingehen möchte. Für mich ist geistige Energie zum einen die Energie, die aufgrund meiner Geistestätigkeit entsteht, egal ob bewusst oder unbewusst. Wir haben am Tag tausende von Gedanken, die wenigsten davon sind uns bewusst. Darüber hinaus zähle ich zu den geistigen Energien auch geistige Wesenheiten. Heute glauben viele Menschen nur das, was für das physische Auge sichtbar und materiell greifbar ist. Das Unsichtbare wird der Esoterik zugeschrieben und oftmals verspottet. Wir haben leider die Wahrnehmung des Nichtmateriellen verlernt, eine Gabe, die beispielsweise die australischen Ureinwohner noch leben. Das für das physische Auge Unsichtbare, die Energien bzw. die Schwingung, existiert dennoch. Etwas, das auf einer anderen – in diesem Fall höheren – Wellenlänge schwingt, also eine andere Frequenz hat, kann jedoch nur wahrgenommen werden, wenn man lernt, sich auf diese Frequenz einzustellen. Wenn wir etwas bisher nicht wahrnehmen können, bedeutet das nur, dass wir noch nicht gelernt haben, uns darauf einzustellen, es bedeutet nicht, dass es nicht existiert. Wenn ich Auraseminare gebe, lernen die Schüler, erste neue innere Impulse wahrzunehmen – und neue Welten können sich erschließen.

So gibt es bekannte medial begabte Persönlichkeiten, die eindrucksvolle Botschaften aus der geistigen Welt (von Verstorbenen, Engeln usw.) übermitteln können. Selbst wenn man sich der Welt der Engel oder Feen nicht selbst öffnen kann, so haben viele Menschen durch medial Begabte schon Botschaften von Verstorbenen erhalten, die man unmöglich aus Zufallstreffer werten kann. Jeder muss für sich selbst entscheiden, ob die Option, diese Fähigkeiten auszubilden und als Wahrheit anerkennen, für ihn in Betracht kommt.

Die Erde wahrnehmen

Wenn wir einem Menschen begegnen, so beurteilen wir ihn in der Regel nicht nur nach seinem äußeren Erscheinungsbild. Im Bruchteil einer Sekunde erfassen wir seine Mimik, seine Ausstrahlung – und wenn wir achtsam sind, spüren wir, wie sich unsere Gefühle und Emotionen verändern. Ich nenne dieses ganzheitliche Sehen daher gerne emotionales Sehen, abgeleitet von der emotionalen Empathie.

Mit der Erde können wir genauso verfahren. Wenn wir die Erde bewusst wahrnehmen wollen, brauchen wir Zeit. Zeit, um innezuhalten, zu schauen und zu fühlen. Wenn wir uns darauf einlassen, sind wir in dem Moment die Antenne für das, was uns begegnet. Ich kann mir also selbst jederzeit die Frage stellen, was die Landschaft in mir auslöst, die ich betrachte.

Wir werden im Laufe des Buches noch Hilfsmittel, wie die Rute oder das Pendel, kennenlernen, die wir ebenso für die Auswertung von Energien einsetzen können. Sie dienen dem eigenen Training der Wahrnehmung und reagieren auf feinste Impulse, die wir sonst vielleicht nicht wahrnehmen würden. Ich möchte Ihnen grob veranschaulichen, was ich damit meine.

Angenommen, Sie bekommen die Aufgabe, ein Picknick zu organisieren. Zur Auswahl stehen zwei Plätze. Einer ist an der Schnellstraße, dort werfen regelmäßig Fahrer ihre Abfälle auf den Seitenstreifen. Da die Straße erst kürzlich gebaut wurde, fehlen noch Pflanzen, es ist karg. Es herrscht reger Autolärm, etwas anderes ist kaum zu hören. Der andere Platz führt Sie auf einem kleinen Trampelpfad an einen kleinen, naturbelassenen Bach. Es wachsen viele Pflanzen, es riecht nach Bäumen und wilden Kräutern, das Wasser plätschert leise vor sich hin, ein paar Vögel singen, man hört einen Specht klopfen, die Wiese duftet nach Blumen. – Wo werden Sie sich hinsetzen und picknicken?

Sie mögen Strandurlaube? Können Sie den Aufenthalt am Strand genießen, wenn dort Müll angespült wird, die Algen einen dichten Teppich bilden und Sie schwarze Füße vom angespülten Teer haben? Oder bevorzugen Sie saubere Strände und kristallklares Wasser?

Hier sind wir bereits mitten in den Wahrnehmungsübungen. In der Geomantie setzen wir diese verfeinert ein. Bei den oben beschriebenen Beispielen brauchen wir in der Regel nicht viel Zeit, um ein Gefühl dazu zu entwickeln, da alles sehr offensichtlich ist. Wir können den Schmutz über unsere physischen Augen wahrnehmen. Die Wahrnehmungen in der Geomantie gehen tiefer. Hier schauen wir zusätzlich mit einem inneren Sehen, einem Gefühl. Auch an Plätzen, die auf den ersten Blick scheinbar frei von Müll sind und an denen wir nichts Außergewöhnliches mit unseren fünf Alltagssinnen wahrnehmen können, können die Energien aus der Bahn geraten sein.

Es ist hier ähnlich wie im Umgang mit Menschen. Sie alle haben sicherlich schon erlebt, dass jemand mit Ihnen lacht – und Sie trotzdem das Gefühl haben, das Lachen sei nicht echt. Es kommt nicht von innen. Im Alltag übergehen wir solche Gefühle schnell, weil es uns an Zeit fehlt, tiefer zu schauen. Doch diese Zeit sollten wir uns nehmen. Denn wir leben in einer Welt, die darauf abzielt, nur das als »wahr« zu erachten, was messbar ist. Damit entfernt sich der Mensch immer mehr von seiner Intuition und verlernt, sich auf sein Bauchgefühl zu verlassen. Wir ersticken in Studien und Informationen. Wir sind überall erreichbar, immer mehr kontrollierbar und kontrollieren auch immer mehr. Immer mehr Menschen haben ständig ihr Handy im Auge und kaum noch Ruhezeiten, in denen sie sich ganz auf sich selbst besinnen können. Aber es ist wichtig, sich wieder auf sich zu

besinnen und auf das zurückzugreifen, was Urvölker früher hatten und was auch wir bei der Geburt mit auf den Weg bekamen – unser Gefühl!

Wer auf dem Land lebt oder einen Garten hat, hat noch mehr Bezug nur Natur als viele Stadtmenschen. Wer gärtnert, der fühlt Pflanzen und die Erde. Wer in der Stadt wohnt, kann sich oft gar nicht erinnern, wie frisches Heu riecht. Wie schön es sein kann, barfuß zu laufen. Aufgrund von Kosteneinsparungen sind immer mehr Parks in den Großstädten schmutzig, Mülleimer laufen über oder der Müll wird einfach irgendwo liegen gelassen. Auch Hundefreunde sehen es mit der Beseitigung des Hundekots nicht immer so eng – und wer mag da schon barfuß über die Grünflächen laufen? Der Asphalt in den Städten lädt sicher die wenigsten dazu ein. Auch das Klima ist in den Städten anders. Im Sommer kühlt es auf dem Land am Abend ab, das Gras wird feucht, die Luft klar. In den Städten dagegen steht die Wärme, der Asphalt strahlt die aufgenommene Hitze ab, der Staub steht in der Luft. Doch jeder Mensch hat seine eigene Wahrnehmung. Es muss auch Menschen geben, die gerne in einer Stadt leben, ohne sich dabei gestresst zu fühlen.

Dennoch: Während meiner Beschäftigung mit diesem Buch machten mich die Nachrichten noch einmal darauf aufmerksam, wie die Erde reagiert. So bebte in Niedersachen mehrfach die Erde, und Häuser von Anwohnern nahmen Schäden. Heute sieht man es als sehr wahrscheinlich an, dass Erdgasfelder beziehungsweise die Entnahme des Erdgases durch Bohrungen die Ursache dafür sind. Egal, wo der Mensch in die Natur eingreift – es bleibt nicht ohne Folgen. Bis man bewiesen hat, wer und ob jemand dafür verantwortlich ist, wird sicher wieder viel Zeit vergehen, und ob die geschädigten Menschen jemals ihre Kosten zurückerstattet bekommen und eine Versicherung eintritt, bleibt abzuwarten.

Wir haben bereits erlebt, was es bedeutet, wenn der Mensch zu sehr in die Natur eingreift. Tierarten sterben aus, weil ihnen ihr natürlicher Lebensraum genommen wird, Pflanzen erkranken durch Schadstoffbelastungen, Fischbestände verschwinden durch Überfischung der Gewässer, Gewässer kippen, begradigte Flüsse oder mangelnde Feuchtgebiete an den Flüssen als Auffangbecken bei Hochwasser lassen Städte im Hochwasser versinken. Wir erleben immer mehr »Unwetter«, doch wir beuten die Erde immer weiter aus – in der irrigen Hoffnung, alles im Griff zu haben.

Der Wahrnehmungsfilter

Meine Erklärung zum Thema »Wahrnehmungsfilter« setzt voraus, dass Sie die Tatsache anerkennen können, dass wir mehr als einen grobstofflichen Körper haben. Sozusagen ein Energiefeld, das uns umgibt. Eine Aura. All unsere Erfahrungen, bewusst oder unbewusst, sind darin verankert. Unser Denken, unser Fühlen, all das beeinflusst die Aura. Sie wirkt auch wie ein Filter, durch den wir nur das wahrnehmen, was unseren Glaubenssätzen entspricht – bewusst oder unbewusst! Wenn zwei Menschen mit unterschiedlichen Filtern durch die Natur laufen, kann das dann bedeuten, dass sie Dinge unterschiedlich wahrnehmen. Trotzdem wird jede Meinung ihre Daseinsberechtigung haben.

Unsere Wahrnehmung hängt zudem mit unseren Glaubenssätzen zusammen, mit unserer Schwingung, die auch mit den Glaubenssätzen zu tun hat und somit auch mit dem, was wir als Resonanz empfangen. Wenn wir in der Lage sind, uns auf den Kummer eines Menschen einzustimmen, werden wir feststellen, dass wir schnell traurig werden, obwohl es gar nicht unser Kummer ist. Ebenso können wir uns

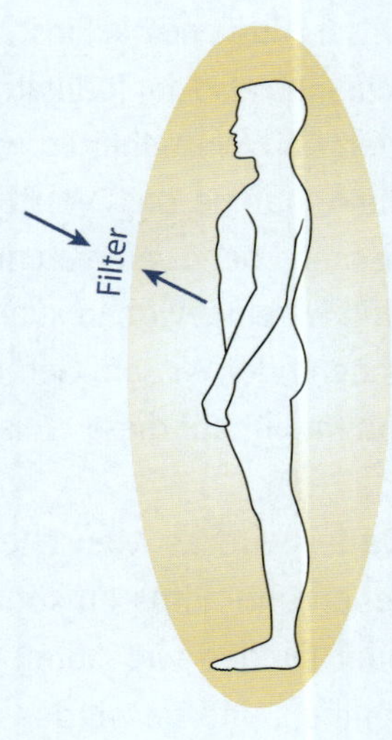

auf freudvolle Dinge einstimmen. Kommen wir zum Beispiel in eine Gesellschaft, in der wir uns angenommen fühlen, und es wird dort viel gelacht, können wir schnell feststellen, wie sich auch unsere Stimmung hebt. Genauso gibt es in der Musik diesen Gleichklang von Schwingung. Man stimmt sich gemeinsam auf eine Tonart ein und musiziert. Fällt jemand aus dem Gleichklang heraus, hört man das schnell und es fühlt sich falsch und unstimmig an.

So schwingt auch Energie in ihrer eigenen Frequenz. Alles im Universum ist Energie, nur manche Energien können wir nicht mit den bekannten Sinnen sofort wahrnehmen. Das heißt, wir müssen lernen, uns auf bestimmte Energien oder Frequenzen einzustellen, um sie wahrzunehmen. Es ist wie mit einem Radiosender. Wollen wir ihn hören, müssen wir seine Frequenz finden. Glauben wir allerdings nicht, dass es bestimmte Frequenzen gibt, werden wir uns nicht mit ihnen beschäftigen und auch keinen Zugang zu ihnen finden.

Unser Filter und die Einstimmung auf bestimmte Frequenzen scheinen also der Indikator dafür zu sein, welche Farben, Formen und Wesenheiten wir wahrnehmen. Ist man offen für die Annahme, dass Verstorbene nur die Existenz auf der physischen Ebene verlieren und feinstofflich weiterexistieren, so sind wir eingewoben in eine Welt, die wir mit einem inneren Sehen oder Wissen, Gefühlen und Gedanken wahrnehmen, um mit ihr auf diese Weise kommunizieren zu können.

Daher wird es Menschen, die nur das glauben, was sie sehen und anfassen können, nie gelingen, der Geomantie oder Dingen wie Auren eine Daseinsberechtigung einzuräumen, und sie werden nichts unversucht lassen, Beweise zu liefern, dass das Humbug ist und vielleicht sogar Scharlatanerie. Wie ich oben schon geschrieben habe, können Wahrnehmungen zudem auch unterschiedlich ausfallen, was die meisten Studien über die Phänomene und Darlegungen der Geomantie dann sehr schnell zu Fall bringt.

Energie spielt in der Geomantie eine große Rolle. Wir brauchen Energie, um zu leben. Wir ziehen einen Teil unserer Energie aus unserer Nahrung. Die Pflanzen brauchen Energie, um zu wachsen (Nährstoffe, Sonne), die Tiere brauchen ebenfalls Pflanzen und Energie. Es ist also stetig Energie im Umlauf, und es geht darum, Energie angemessen zu nutzen oder einzusetzen.

Der Gedanke, dass es geistige oder feinstoffliche Energien gibt, ist für viele erst einmal befremdlich. Um die Geomantie verstehen zu lernen, ist es jedoch hilfreich, sich für diese Annahme zu öffnen. Stellen Sie sich vor, dass jeder Gedanke, verbunden mit einer Emotion, und jede Handlung ein Ausdruck von Energie ist. Diese Form von Energie geht nicht mehr verloren.

Niels Bohr, der Nobelpreisträger für Physik im Jahre 1922, sagte: »Wer über die Quantentheorie nicht entsetzt ist, der hat sie nicht verstanden.« Die Quantenphysik beweist, dass Mikroteilchen, die einmal miteinander verbunden waren und dann räumlich (auch über große Distanzen) getrennt wurden, trotzdem auf unerklärliche Weise, fast wie ein Spuk anmutend, miteinander verbunden blieben. Werden an dem einen Teilchen Eigenschaften verändert oder veränderte Eigenschaften festgestellt, sind diese zum selben Zeitpunkt auch an dem anderen, entfernten Teilchen feststellbar.

Ich bringe dieses Beispiel, weil es zeigt, dass es etwas zwischen Himmel und Erde an Energieform geben muss, das für unser physisches Auge nicht sichtbar ist. Etwas, das eine unendlich hohe Geschwindigkeit hat, die außerhalb unserer Raum-Zeit-Wahrnehmung steht und mit unserem Verstand kaum zu erfassen ist. Und sie hat nichts mit esoterischem Geheimwissen zu tun!

Wenn Teilchen also derart miteinander verschränkt sein können, können wir davon ausgehen, dass in unserem Universum sehr viel mehr miteinander in Verbindung steht, als wir bisher erfassen können und als bisher erforscht wurde. Eine Erkenntnis, die für das Verständnis der Geomantie und den Umgang mit der Natur sehr wichtig sein kann. Wir sollten lernen, unser Universum und alles Leben als Ganzheit zu betrachten! Physiker behaupten sogar, dass wir auf subtile Weise mit jedem Punkt des Universums verknüpft sind, dass untereinander ein steter Informationsaustausch stattfindet und dass die Gesetzmäßigkeiten, die u. a. die Quantenmechanik erforscht, die komplexen Vorgänge im Universum steuern. So wäre jedes Individuum ein Teil eines großen Ganzen.

Es gibt auch eine faszinierende Entdeckung bezüglich unserer DNA. Dr. Rolf Froböse berichtet, dass das Institute of HeartMath in Boulder Creek (Kalifornien) ein unglaubliches Experiment durchgeführt hat, in dem es menschliche DNA aus der Plazenta in 28 Gläser verteilte und jeweils ein Glas einem Forscher übergab. Diese waren darauf trainiert, außerordentlich starke Gefühle – oder sagen wir starke Geisteszustände – zu erzeugen, und sie haben es geschafft, damit die DNA zu verändern – sie konnten ihre Gefühle auf die DNA übertragen. Kontrollgruppen mit niedriger Herzkohärenz schafften es nicht! Bei Eigenschaften wie Wut,

Angst etc. zogen sich die DNA-Stränge zusammen und schalteten einen Teil ihres Codes ab, und bei Eigenschaften wie Liebe, Freude etc. entspannten sich die Stränge und streckten sich wieder.

Auch diese Forschungsergebnisse sind für uns wichtig, wenn wir mit der Geomantie arbeiten möchten. Denn wir müssen entspannt sein und diese Energie ausstrahlen. Wir können einen Platz nur heilen, wenn wir in der richtigen Verfassung dazu sind. Unsere seelische Befindlichkeit hat Einfluss auf unsere Gesundheit und – so behaupte ich – damit auch auf die Natur beziehungsweise unsere Arbeit mit ihr. Was bei der menschlichen DNA funktioniert, sollten wir auch auf die Natur übertragen. Wenn wir die Natur beispielsweise ständig in Stress bringen, wie sollen sich dann Tiere und Pflanzen gut entwickeln können?

Energien wahrnehmen

Mit der Rute

Generell ist zu sagen, dass das Rutengehen, aber auch die Arbeit mit einem Pendel oder einem Tensor, zur Radiästhesie gehört. Radiästhesie bedeutet so viel wie »Wahrnehmung von Strahlung«. Ursprünglich war damit die Lokalisierung von Erdstrahlen gemeint. Bekannt ist sie seit dem 18. Jahrhundert, jedoch wurden auch Höhlenmalereien aus der Zeit ca. 60000 v. Chr. gefunden, auf denen Rutengeher zu erkennen sind. Die Radiästhesie befasst sich heute nicht nur mit der Untersuchung von geopathischen Belastungen, sondern wird auch in der Naturheilkunde und Psychologie für diagnostische Verfahren eingesetzt.

Ich habe ja schon beschrieben, dass wir die Natur über unsere Augen wahrnehmen können, also ganz bewusst. Manchmal fühlen wir uns aber auch unwohl, obwohl augenscheinlich alles zu stimmen scheint, weil wir unbewusst etwas wahrnehmen, es aber nicht benennen können. Hier kann die Arbeit mit einem Pendel oder einer Rute echte Hilfe leisten!

Es gibt verschiedene Rutenarten aus unterschiedlichen Materialien. So gibt es Ruten aus Holz, Metall und Kunststoff, und diese gibt es in verschiedenen Ausführungen, wie beispielsweise die V-Ruten, Schleifenruten, Winkelruten, Einhandruten oder Lotpendel. Die Winkelrute ist ein gutes und leicht zu handhabendes Instrument, um unter anderem Erdstrahlungen zu lokalisieren. Viele können mit ihr leichter umgehen als mit der Wünschelrute, daher konzentriere ich mich bei meiner Anleitung hier auf die Winkelrute.

Beachten Sie folgende Grundprinzipien, die Sie für das Rutengehen brauchen:

- Die richtige Handhaltung der Rute(n) ist unabdingbar.
- Sie sollten eine gute Konzentrationsfähigkeit haben.
- Sie sollten unvoreingenommen gegenüber dem Testergebnis und dem Rutengehen selbst sein.
- Sie benötigen beim Austesten ein stabiles eigenes Energiesystem.

Die Rute kann sich auch bewegen, wenn wir sie schräg halten oder zittern. Wir brauchen also eine gewisse Körperspannung, die die Rute ausbalanciert, aber trotzdem zulässt, dass sie auf Strahlungen reagieren und sich bewegen kann.

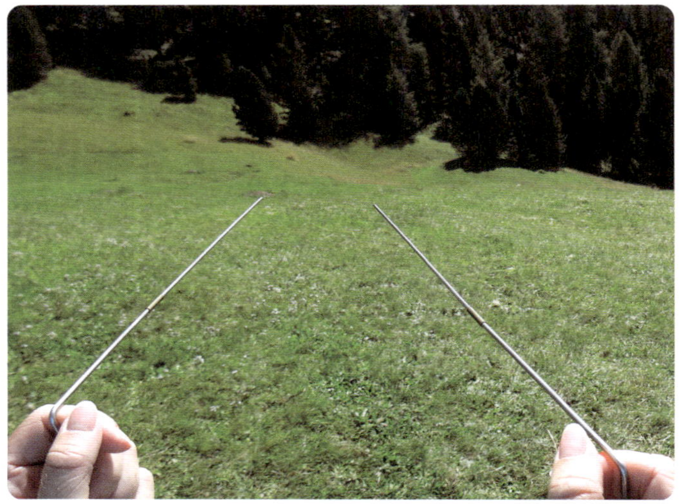

Nehmen Sie in jede Hand eine der Winkelruten. Der Winkel liegt in der Fingerbeuge. Der Daumen kann ganz leicht auf der Rute aufliegen, er darf sie aber in ihrer Bewegung nicht behindern. Gelingt Ihnen das nicht, halten Sie den Daumen besser daneben. Halten Sie die Ruten so, dass Sie nicht exakt auf einer Höhe, sondern ein klein wenig versetzt nebeneinander und waagerecht stehen. Halten Sie Ihre Oberarme entspannt und gerade am Körper. Bewegen Sie sich langsam, bleiben Sie dabei locker. Treffen Sie auf Erdstrahlenfelder, werden sich die beiden Ruten aufeinander zubewegen, sich evtl. kreuzen oder sich sogar um sich selbst drehen.

Ihre Hände sollten sich nicht berühren. Sie sollten mit Ihren Gedanken bei dem sein, was Sie austesten möchten. Wenn ich unterrichte, zeige ich immer mit dem Finger auf den Punkt zwischen den Augen. Was wir dort auf unserem »geistigen Monitor« haben, testen wir aus. Wir brauchen also die Bereitschaft, uns zu konzentrieren – und zwar nur auf diese eine Sache, sonst erzielen wir kein verlässliches Ergebnis. Aufregung, Angst, Unsicherheit sowie vielfältige Gedanken beeinflussen unser Wirken. Genauso ist es hinderlich, wenn wir eine feste Auffassung von etwas haben, also nicht mehr unvoreingenommen sind.

Wenn wir starke mentale Kräfte, also starke Vorstellungskräfte haben, können wir mit ihnen Energiefelder erschaffen, die wir im Anschluss auch tatsächlich vorfinden. Stellt sich eine Gruppe beispielsweise vor, dass in einem Raum Kühle und Kälte vorherrschen, so wird ein Rutengeher, der solch einen Raum sucht, genau diesen lokalisieren. Also noch einmal: Der Erfolg eines Rutengehers ist von seiner Konzentrationskraft abhängig. Er muss sich also gut auf das, was er sucht, konzentrieren können und gleichzeitig darf er keine vorgefertigte Meinung haben! Aus diesem Grund bin ich auch in der Geomantie sehr vorsichtig bei der Beurteilung von Plätzen und verweise auf die Zeichnung mit unserem persönlichen Energiefilter (s. Kapitel »Der Wahrnehmungsfilter«).

Ich selbst habe ein Energiesymbol erschaffen, beziehungsweise es ist mir erschienen, das für mich eine unglaublich starke Wirkung hat. Seit Jahren lasse ich Menschen damit arbeiten und testen, inwiefern es diese Wirkung auch auf andere Menschen hat. Ich erzähle ihnen vorher nicht, was es bewirken kann, und erlebe immer wieder die Bestätigung über seine Wirkung. Komischerweise nicht, wenn es von anderen Personen nachgeahmt oder gemalt wird, sondern nur wenn es durch meine Hände gelaufen ist. Dafür habe ich bis heute keine wirkliche logische Erklärung, ich habe es einfach akzeptiert. Wenn heute Symbole für Kraftplätze verwendet werden, stellen sich also immer folgende Fragen:

- Empfinden wir diese Kraft, weil uns jemand sagt, dass diese da ist und wir dann mental das Feld erschaffen, so dass es wirklich an Kraft gewinnt?
- Oder wirkt das Symbol – oder was auch immer verwendet wird – durch sich selbst?
- Oder haben Leute, die nichts spüren, einen inneren Glaubenssatz, der sie davon abhält, es spüren zu können, weil sie Zweifel haben, weil sie glauben, weniger fühlig zu sein?

Wenn wir demnach mit einer gewissen Grundeinstellung an Energiemessungen herangehen, bedarf es des tiefen Wunsches und der Fähigkeit, sich so gut wie möglich von

Erwartungen frei zu machen und neutral an die Tests heranzugehen.

Wollen wir ein Störfeld mithilfe unserer Winkelrute auffinden, müssen wir uns auf das zu lokalisierende Objekt konzentrieren und langsam (besser: GANZ LANGSAM) laufen. Die Rute darf sich nicht schon durch unsere Schritte bewegen. Treffen wir auf das Störfeld, auf das wir uns konzentrieren, zeigt die Rute dies durch Bewegung an. Das bedeutet, die beiden Winkel bewegen sich aufeinander zu bis zu dem Punkt, dass sie sich überkreuzen.

Die Rute lässt sich gut zum Aufspüren von Erdstrahlungen und Kraftplätzen verwenden. Welche Erdstrahlen es genau gibt, erläutere ich noch. Schlagen Sie also gerne einfach noch einmal dieses Kapitel hier auf, wenn Sie sich in die Erdstrahlen eingelesen haben, und fangen Sie dann an zu testen.

Wichtig:

Aus Erfahrung kann ich sagen, dass das regelmäßige Austesten von Störfeldern mithilfe der Rute sehr kräftezehrend sein kann. Achten Sie darauf, dass Sie stets genug Wasser trinken, denn dieses ist für Ihren Organismus und für Ihre Testfähigkeit sehr wichtig, und übertreiben Sie es nicht. Sich immer auf Störfelder auszurichten, kostet Kraft und Energie. Ich liebe das Austesten, mache aber auch nicht zu viele Termine, weil ich an diesen Tagen nicht mehr viel anderes an Energiearbeit leisten kann und weil ich für mich gelernt habe, besser auf meinen Energiehaushalt zu achten, um genug Zeit zu haben, die »Batterien« wieder aufzuladen. Meist mache ich die Hausuntersuchungstermine sogar mit einer Kollegin, da wir dann abwechselnd auch einmal durchatmen können und es so wesentlich angenehmer ist.

Kommen wir in den Bereich, den die Geomantie der Erdheilung widmet, dann können wir uns innerlich auch darauf einstellen, welcher Bereich der Erde Heilung braucht. In diesem Bereich hat sich Marko Pogačnik einen Namen gemacht. Was ich in der Literatur oder in Beschreibungen über ihn gefunden habe, zeigt, dass er viel Zeit und Engagement dem Aufspüren von Kraftorten und Energiestrukturen auf der Welt widmet. Er ist ein slowenischer Bildhauer, der geschädigte Orte damit unterstützt, dass er seine Kunst in Form von Steinsäulen den Stellen widmet, die energetische Unterstützung benötigen, um ihnen Heilung zu ermöglichen. Wer sich mit Akupunktur und Meridianen auskennt, weiß, dass wir bei uns selbst Heilung über die Stimulierung von

Akupunkturpunkten erlangen können. Sind diese Punkte in Ordnung, kann die Energie in den Meridianen des Körpers frei fließen. Übertragen wir das auf die Erde, ist es stimmig, dass auch die Erde solche Energiepunkte hat, die wieder in Fluss gebracht werden können. Aber wie ich eingangs schon erwähnt habe, wäre es sinnvoller, die Erde gar nicht erst zu verletzen und auszubeuten.

Marko Pogačnik hat seine Fähigkeit so weit entwickelt, dass er das Hilfsmittel Rute oder Pendel nicht mehr benötigt, sondern die Energie über seine Hände fühlen kann. Um herauszufinden, was für jeden Einzelnen die richtige oder bessere Methode ist, muss man ausprobieren und üben.

Machen wir es wie Marko Pogačnik und wollen die Erde mit der Unterstützung von bestimmten Symbolen, Bildern, Mandalas oder was auch immer heilen, dann kann man die Ruten auch befragen, wo der optimale Platz ist, um ein solches Hilfsmittel einzusetzen. Finden Sie einen Kraftort oder ein Störfeld, auf das Sie sich konzentriert haben, zeigen die Ruten ein »Ja« an und überkreuzen sich. Wollen Sie wissen, ob auf dem Punkt, auf dem Sie stehen, ein entsprechendes Feld ist, kann es auch sein, dass die Ruten auseinandergehen und damit ein »Nein« aussagen.

Energien finden und benennen

Wie funktioniert das Austesten mit einem Pendel oder einer Rute?

Schwingungsmuster, die von Gegenständen, Personen, Gebieten, Wasseradern oder Ähnlichem ausgesandt werden, nimmt der Rutengeher/Pendler über sein Unterbewusstsein auf. Er drückt diese durch sein Instrument, das Pendel oder die Rute, aus. Im Grunde ist das Pendel/die Rute nur ein Anzeigegerät für das, was Tiere und einige Menschen auch intuitiv können. Nicht das Pendel oder die Rute gibt die Antwort auf Fragen, sondern das Unterbewusstsein des Radiästheten, der sich mit dem Testobjekt verbindet und dessen Schwingung aufgreift. Feinste feinmotorische Impulse übertragen sich auf unsere Hände und versetzen die Rute oder das Pendel in Schwingung. Wir alle kennen das von unserem Körper, wenn wir plötzlich zusammenzucken oder blinzeln müssen – wir reagieren, ohne die Reaktion bewusst anzusteuern.

Wenn wir etwas austesten oder auffinden möchten, dann ja deshalb, weil wir es mit unserem im Alltag genutzten Bewusstsein nicht erfassen oder erklären können. Unsere Sinne, die über die bewussten Sinne wie das Fühlen, Sehen, Riechen, Schmecken und Hören hinausgehen, nehmen viel mehr wahr. Wir nennen es dann meist den sechsten oder siebten Sinn, der bei den Menschen unterschiedlich stark ausgeprägt und trainiert ist.

Die Frage, die Schüler in meinen Pendelkursen immer wieder beschäftigt, ist, ob diese Pendel- oder Rutenergebnisse überhaupt stimmen. Es gibt meines Erachtens nur eine einigermaßen sinnvolle Möglichkeit, es zu überprüfen. Es ist der Muskeltest. Der Test wird einem allgemeingültigen Test nicht standhalten. Sie können so aber überprüfen, ob Sie tatsächlich einen Kraftort gefunden haben. Sie können testen, ob sich Ihre Kraft verstärkt, wenn Sie diesem Ort Heilung gegeben haben. Sie können prüfen, ob Sie sich tatsächlich auf einem Feld von Erdstrahlung befinden, denn dann wird Ihr Muskel nicht so stark testen. Wie Sie einen solchen Muskeltest durchführen können, beschreibe ich im nächsten Kapitel.

Natürlich steht auch immer wieder die Frage im Raum, warum das Rutengehen bei manchen Menschen nicht funktioniert. Ganz sicher kann man das nicht beantworten. Es steht jedoch die Annahme im Raum, dass die Feinfühligkeit mit dem Eisengehalt im Blut zusammenhängt. Ich selbst hatte sehr oft schlechte Eisenwerte, trotzdem hat es funktioniert. So glaube ich aufgrund der vielen Aura-Readings mithilfe meiner Testlisten und Pendel, dass zu einem Großteil unbewusste Blockaden, die in der Natur des Menschen liegen, mit verantwortlich dafür sind, dass die Feinfühligkeit herabgesetzt ist.

Begehung

Sie haben bereits erfahren, dass Sie sich auf das, was Sie suchen, gut konzentrieren müssen. Überlegen Sie sich also, was Sie auf Ihrem geistigen Bildschirm haben, wenn Sie Wasseradern suchen. Verbinden Sie Wasser mit der Farbe Blau, so konzentrieren Sie sich auf die Farbe Blau und laufen die Fläche streifenweise ab, bis Ihre Rute reagiert. Markieren Sie sich diesen Punkt und laufen Sie weiter, bis Sie den Verlauf der Wasseradern auf der Fläche ganz markieren können. Verfahren Sie so mit allem, was Sie suchen möchten.

Umgekehrt lässt sich diese Technik genauso gut anwenden, wenn wir einen für uns geeigneten Kraftplatz suchen.

Austesten mit dem Pendel

Wer das Austesten mithilfe eines Pendels beherrscht, kann dieses natürlich genauso einsetzen. Ich empfehle sogar, den Umgang mit dem Pendel zu erlernen, weil es sehr schnelle Abfragen von Testlisten zulässt.

Austesten ohne Pendel

Wer nicht pendeln lernen möchte oder kann, dem bleibt nur, sich auf innere Impulse zu verlassen, wenn er gedanklich die Listen durchgeht. Sonst könnte er noch einen einfachen Muskeltest aus der Kinesiologie versuchen. Der Körper ist ein hervorragendes Messinstrument. Ich bin keine ausgebildete Kinesiologin, also sehen Sie es mir nach, wenn Sie erweiterte Kenntnisse darüber haben und den Test womöglich leicht abgewandelt kennen. Mit dem nachfolgend beschriebenen Test habe ich für mich jedoch immer eine wertvolle Hilfe im Gepäck. Im Kapitel unter Kraftplätze beschreibe ich auch, wie ich mit anderen Personen einen Muskeltest durchführe.

Beachten Sie bitte: Sie testen hierbei nicht, wie viel Kraft ein Muskel hat, sondern auf welchen Reiz er reagiert. Im Falle der Geomantie können das beispielsweise Erdstrahlen sein.

Ein Muskel kann einen starken Widerstand oder einen schwachen/nachgebenden Widerstand haben. Ein starker Muskel hält dem Druck, der auf ihn ausgeübt wird, stand, ein schwacher Muskel gibt nach. Machen Sie bitte keinen Kraftakt daraus, denn es soll eine sanfte Kommunikation zwischen dem Körper und dem Unterbewusstsein werden. Es reicht völlig aus, wenn die Testperson feine Nuancen zwischen »stark« und »schwach« wahrnimmt.

Ein möglicher Test, den man alleine ausführen kann, ist der »Fingertest«. Schließen Sie dazu Daumen und Zeigefinger an einer Hand, so dass sich die Fingerkuppen berühren. Greifen Sie mit der anderen Hand mit Daumen und Zeigefinger hindurch, siehe Bild Seite 56. Sagen Sie nun laut oder innerlich Ihren Namen, und versuchen Sie, die Finger auseinanderzuziehen. Schauen Sie, ob es leicht oder schwer geht. Sagen Sie nun einen anderen Namen und schauen Sie, ob sich die Finger leichter öffnen. Es sollte zumindest so sein, denn: Was Ihnen guttut oder Sie stärkt, stärkt Ihre Kraft. Was nicht zu Ihrer ICH-BIN-Kraft gehört, schwächt Sie. Ist der Fingertest also stark, bedeutet das JA, lösen sich die Finger, bedeutet das NEIN.

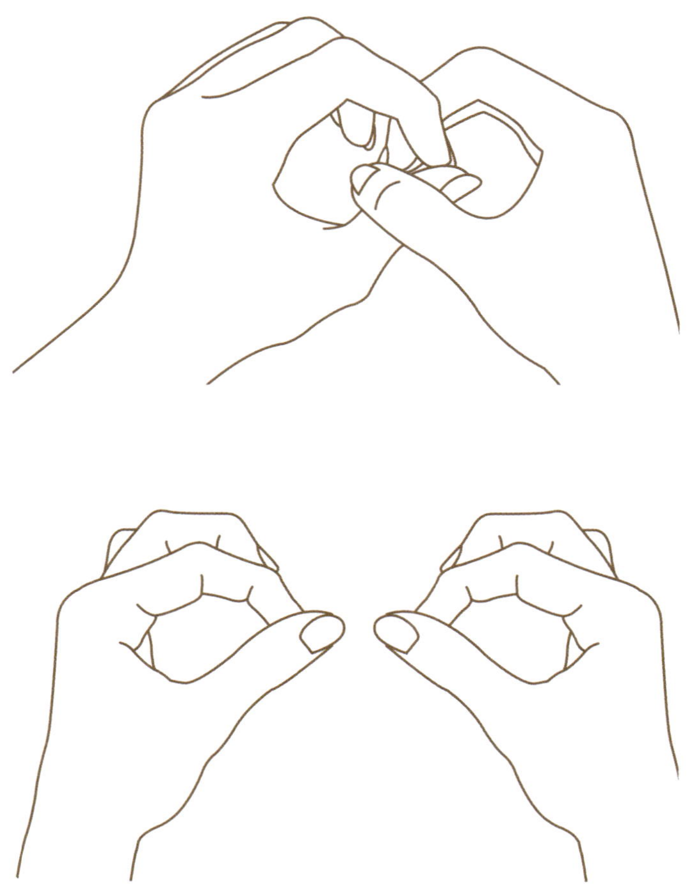

Sie können diesen Test auch für die Natur durchführen.

Beispielfragen:

Befinde ich mich hier auf einer Wasserader?

Befinde ich mich hier auf einem Ritualplatz?

Wird dieser Platz durch ein Mandala gestärkt?

Stärkt dieses Mandala alle Lebewesen an diesem Platz?

Hat das Mandala nur auf mich diese Wirkung?

Wird der Platz durch ein Ritual geheilt?

Braucht dieser Fleck Erde hier Heilung?

Energie spüren mit dem eigenen Körper

Um Energien zu spüren, ist es wichtig, die Fähigkeit eines Tunnelblickes zu entwickeln. Das bedeutet, sich auf das zu fokussieren, was man sucht oder wahrnehmen will. Dazu ist es wichtig, unsere Gedanken zu beruhigen und das Kopfkino, das wir meist haben, auszuschalten. Dabei kann es hilfreich sein, sich einfach einmal auf seinen Atem zu besinnen. Beobachten Sie Ihren Atem. Wie Sie einatmen, wie tief Sie einatmen können, ob Sie dabei entspannen, wie Sie ausatmen. Üben Sie, innerlich ruhig zu werden.

Als Nächstes nehmen Sie sich vor, dass Ihnen Ihre Gefühle die Energie des Ortes, an dem Sie sich befinden, zeigen. Wer ungeübt darin ist, braucht Zeit. Lernen Sie, auf feinste Nuancen in Ihrem Körper als Anzeigeinstrument zu achten. Fängt es irgendwo an zu zwicken? Entsteht ein Kälteempfinden oder ein Kribbeln? Fühlt es sich gut an oder weniger gut? Kommen Emotionen hoch? Oder innere Bilder? Egal, was sich zeigt, es sind die ersten Erfolge, die Sie verzeichnen können.

Um noch mehr über den Ort herauszufinden, ist es wichtig, dass Sie lernen, Ihre Gefühle zu beschreiben. Es ist, als müssten Sie Ihr persönliches Traumsymbolbuch schreiben. Welches innere Bild oder welche Emotion oder welches Gefühl will sich ausdrücken, und wie kann man das auf den Ort übertragen?

Meine Wahrnehmung geht von ruhig, unruhig, kräftezehrend, stärkend bis hin zu wirr. Das heißt noch nicht, dass ich dann sagen kann, ob ich mich auf einem Ritualplatz befinde oder ob das ein Kampfgebiet war. Hier tut sich meine Freundin und Kollegin leichter, sie nimmt innerlich manchmal ganze Szenen wahr, die sich dort abgespielt haben. So unterschiedlich können Wahrnehmungen sein.

Trainieren Sie so Ihre Wahrnehmung, können Sie lernen, Energien an einem Ort zu beurteilen.

Urlärche auf 1430 m Höhe im Ultental. Ein ähnlicher Baum wurde auf über 2000 Jahre geschätzt. Sie trotzt der Natur, und ihr Nebenarm treibt bis heute aus. Was die Natur doch alles macht, um zu überleben! Wenn Sie entsprechend alte Bäume sehen, spüren Sie doch einfach einmal in deren Energie hinein. Achten Sie darauf, ob Sie Reaktionen in Ihrem Körper wahrnehmen. Ich finde es schade, dass Menschen oft auf diesen Bäumen herumsteigen. Aber einfach einmal mit Respekt eine Hand aufzulegen und zu fühlen, schadet dem Baum sicher nicht. Es fühlt sich an, als würde man tiefe Wurzeln zur Erde finden und mit Energie aufgefüllt werden.

Erdstrahlungen – geopathische Reizzonen

Die größte Herausforderung in meiner Rutengeherausbildung bestand für mich darin, den Ergebnissen mit der Wünschel- oder Winkelrute zu vertrauen. Gerne hätte ich Ergebnisse nachgemessen, um mich am liebsten mehrfach abzusichern. Mein Ausbilder brachte mir aber bei: einmal laufen und markieren. Kommt der Kopf mit der Angst dazu, wird es schwierig. Ich musste lernen zu vertrauen.

Mittlerweile habe ich unzählige Schlafplatzuntersuchungen absolviert. Für Skeptiker ist das wieder ein nicht greifbares Phänomen, und so werde ich oft von Frauen gerufen und besichtige die Räume, wenn die Männer auf der Arbeit sind, weil diese der ganzen Rutengehermaterie nichts abgewinnen können. Dabei wird das Rutengehen auch in Zusammenhang mit der modernen Baubiologie immer öfter eingesetzt, und die Geopathologie beschreibt Leiden, die Menschen, Tiere und Pflanzen befallen, wenn sie sich zu lange auf energetischen Reizzonen aufhalten. Zur Info:

Die Geopathologie (griech. = Erde, pathos = Krankheit/Leiden) beschäftigt sich mit der Erforschung von krankmachenden Erdstrahlungen, wobei die Krankheiten meist erst durch längeren oder regelmäßigen Aufenthalt auf Störfeldern entstehen.

Früher war es viel populärer, dass Menschen einen Rutengeher bestellten. In China ist es wohl seit über 4.000 Jahren so, dass der Bauplatz frei von Erddämonen sein soll und Erdwahrsager befragt werden, bevor dort gebaut wird. Doch auch wenn das Rutengehen zur heutigen Zeit bei uns noch nicht so populär ist, wie ich es mir wünschen würde, gibt es immer mehr Hinweise dafür, dass es sinnvoll wäre. So hat 1929 der bekannte Rutengeher Gustav Freiherr von Pohl ein hervorragendes Experiment in Vilsbiburg/Niederbayern durchgeführt, ohne vorher jemals dort gewesen zu sein. Er untersuchte die kleine Stadt auf Erdstrahlen und Wasseradern und bestimmte die Betten, in denen Menschen an Krebs gestorben sein mussten. Während seiner Untersuchung wurde er von Kontrollpersonen begleitet, und er durfte mit niemandem über seine Arbeit sprechen. Es ist amtlich beglaubigt, dass er vorher nicht wusste, ob und wie viele Menschen in Vilsbiburg an Krebs gestorben waren. Es gelang ihm aber, alle Betten mit an Krebs Verstorbenen zu finden. Der Obermedizinalrat schien die Ergebnisse mit Leichenschauscheinen aus etwa zwölf

Jahren belegen zu können. Es ergab sich die verblüffende Tatsache, dass wohl sämtliche Todesfälle durch Krebs auf starken unterirdischen Wasserläufen stattfanden. So gilt von Pohl bis heute als Pionier der Erdstrahlenforschung und als Meister des Rutengehens.

Auch als ich in Kärnten Urlaub machte, wurde mir dort bestätigt, was ich im Grunde schon oft gelesen oder gehört hatte. Zu früheren Zeiten war es gang und gäbe, Rutengeher zu bestellen, um einen Brunnen oder Kraftplätze für Kirchen oder den optimalen Standort für Häuser zu finden. Ein Bauer in Kärnten erzählte mir, dass sie früher die Standorte für ihre Häuser und Ställe mithilfe von Rutengehern ausgesucht hatten.

Vielleicht haben Sie schon einmal den Begriff »geopathische Störzone« gehört. Damit sind Erdstrahlen gemeint, die für Krankheiten oder Unwohlsein verantwortlich gemacht werden. Doch sie sind nicht immer eine Bedrohung. Es gibt auch Felder, die uns energetisieren und aufbauend sein können. Bevor wir nun Erdstrahlungen testen, müssen wir daher erst einmal wissen, welche Formen der Erdstrahlungen es gibt. Bekannte Erdstrahlen sind: **Hartmanngitter, Currynetz** und **Benker-Gitter/Benker-Kubensystem, Wasseradern, Verwerfungen und Brüche.**

Die Erde hat ein starkes Magnetfeld, und die geopathologische Forschung entdeckte, dass dieses Magnetfeld sogenannte Gitternetze aufweist, die sich unsichtbar über die Erde ziehen. Die Lebewesen sind sehr gut an dieses Magnetfeld angepasst, und es gibt zahlreiche Tiere, die sich an ihm orientieren, man denke nur an Wale oder Zugvögel. An den Kreuzungspunkten oder Doppellinien bekamen die Rutengeher jedoch aufgrund von erhöhter Strahlenintensität stärkere Ausschläge.

Das Benker-Kubensystem

wurde von Anton Benker, geb. 1895, entdeckt. Es wird auch 10-Meter-Gitter genannt und verläuft wie das Hartmann-Gitter in Nord-Süd- und Ost-West-Richtung. Die Quader haben

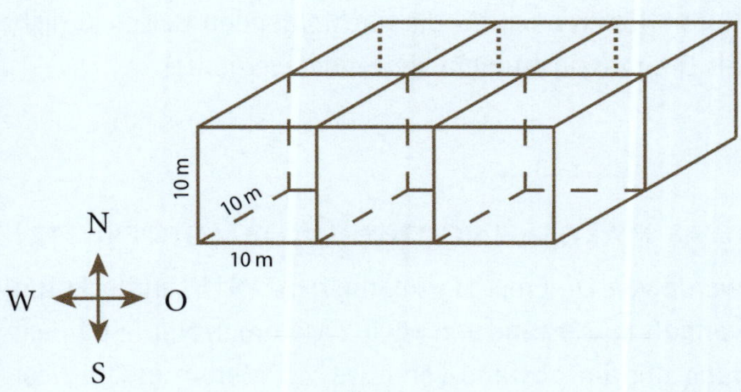

eine Seitenlänge von 10x10x10 Metern. Es können Abweichungen von bis zu zwei Metern vorkommen.

Der Aufenthalt auf den Streifen gilt als sehr belastend, gerade auf Kreuzungspunkten und Überschneidungen mit anderen Gitternetzlinien. Man spricht dann von sogenannten Doppelzonen, bei denen der Mensch meist körperliche Beschwerden verspürt. Untersuchungen haben herausgefunden, dass es beim Aufenthalt auf Doppelzonen, ähnlich wie bei Wasserkreuzungen, zu Verwucherungen bzw. Krebsgeschwüren kommen kann. In der Vergangenheit haben Rutengänger und Radiästheten einige Bettplätze von an Krebs erkrankten Personen untersucht und fanden dort solche Doppelzonenbelastungen.

Ich betone an dieser Stelle noch einmal: Wissenschaftlich sind diese Forschungen von Rutengehern nicht belegt, und Ruten dürfen auch für die nachfolgenden Beispiele nicht als Diagnoseinstrument verwendet werden!!!

Das Hartmanngitter (Globalgitternetz)

wurde von Dr. Ernst Hartmann, geb. 1915, entdeckt und verläuft im Abstand von etwa 2 Metern in Nord-Süd-Richtung und im Abstand von etwa 2,5 Metern in Ost-West-

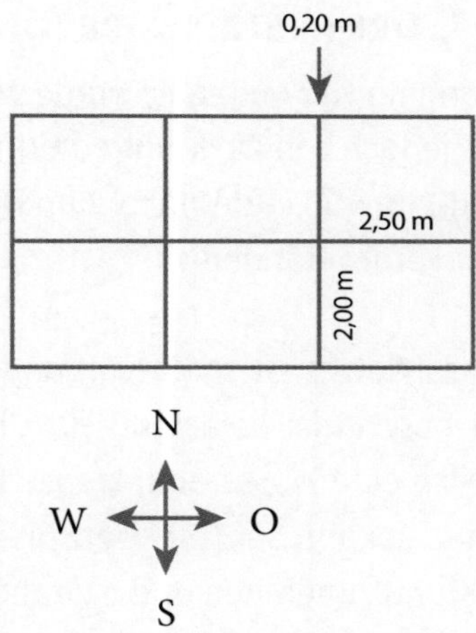

Richtung. Die angegebenen Werte seiner Struktur sind Richtwerte; es ist nicht streng geometrisch und schwankt in seiner Struktur und seinen Werten. Es kann je nach Breitengrad zu Abweichungen kommen.

Das Hartmann-Gitter gilt als relativ harmlos in seiner Wirkung auf den menschlichen Organismus, es kann sich aber aufgrund des Energieaustauschs zwischen Kosmos und Erde unter bestimmten Umständen so verändern, dass Reizzonen entstehen. Auch Menschen, die sich nicht so guter Gesundheit erfreuen, können eventuell leiden, wenn sie auf einem der Kreuzungspunkte oder einer Linie schlafen. Ebenso kann es sich durch überlagernde andere Störfelder noch verstärken und so doch Auswirkungen auf unseren Organismus haben.

Das Currynetz, Currygitter

oder auch Diagonalgitter genannt, wurde von Herrn Wittmann entdeckt, jedoch von Dr. Manfred Curry bekannt gemacht. Es verläuft im 45-Grad-Winkel zum Hartmanngitter und ist in seiner Form veränderlich.

Die Stärke dieses Netzes ist sogar von den Mondphasen abhängig und besonders belastend für den Menschen, wenn es zusätzlich eine Wasserader kreuzt. Bei schlechten Wetterverhältnissen kann das Currynetz bis zur dreifachen Stärke an Belastung zunehmen und ist daher sehr kritisch für den Organismus.

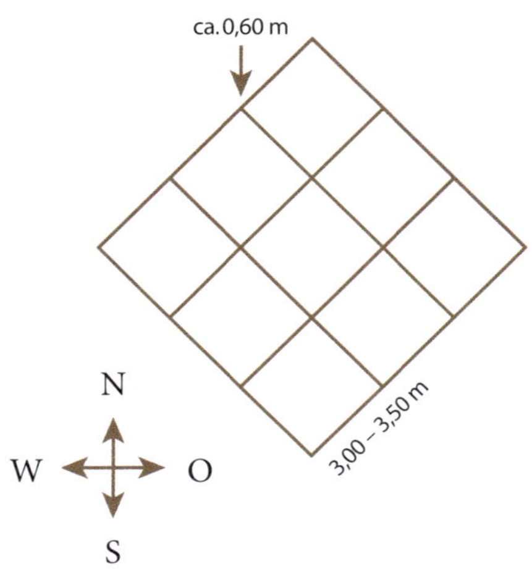

Verwerfungen

Zu Erdstrahlenbelastungen gehören auch sogenannte Erdverwerfungen und geologische Spalten oder Brüche. Von einer Verwerfung spricht man, wenn sich untere Erdschichten verschoben haben und es zu einem sogenannten Abbruch gekommen ist. Verschiedene Materialien reagieren unter Umständen miteinander, was eine Veränderung des Erdmagnetfeldes bewirkt. Verwerfungen können sich über mehrere Kilometer weit ausbreiten. Sie entstehen meist durch Erdbeben auf den Kontinentalplatten. In besonderen Fällen kann der Zerfallsprozess der Erdkruste zu einer erhöhten radioaktiven Belastung führen (Radonbelastung).

Die nachfolgenden Bilder zeigen sehr gut, wie sich Gesteinsschichten verschieben können, natürlich auch unterirdisch.

Wasseradern

Unterirdische Wasseradern gehören zu unserem natürlichen Umfeld, denn sie sind für die Natur und als Trinkwasser für den Menschen unersetzlich. Wasseradern entstehen dadurch, dass durch den Wasserkreislauf Wasser in die Erde gelangt und sich auf wasserundurchlässigen Schichten sammelt. Es können sich auch größere Wasserflächen oder Flüsse bilden. Die Abstrahlung, die Einfluss auf unseren Körper haben kann, wird vermutlich durch die Reibung des Wassers an den Gesteinen hervorgerufen. Genau kann man es bis heute nicht sagen. Man ist jedoch davon überzeugt, dass Menschen, die sich dauerhaft auf solchen Bereichen aufhalten, körperlich darauf reagieren.

Auf dem Bild läuft das Wasser oberirdisch, aber vielleicht hilft das Bild dabei, sich das Ganze auch unterirdisch vorstellen zu können.

Nur wenige hochsensible Menschen sind in der Lage, auch stehendes Wasser unterirdisch auffinden zu können. Das liegt wahrscheinlich daran, dass das Wasser dann eben nicht diese Reibung und Strahlung erzeugt, die leichter wahrgenommen werden kann.

Die beiden Bilder auf Seite 74 zeigen einen plötzlich auf der Weide auftretenden Bachlauf. Auf dem unteren Bild ist zu erkennen, dass er plötzlich wieder in der Tiefe verschwindet. Das Wasser bahnt sich unterirdisch weiter seinen Weg als Wasserader.

Kraftplätze, Ritualplätze, Ley-Linien, Kriegsplätze

Kraftplätze

Was ist ein Kraftplatz? Einem Kraftplatz wird die Eigenschaft zugeordnet, auf uns eine stärkende oder beruhigende Wirkung zu haben. Dabei ist es unerheblich, ob diese Kraft mit einer Erdstrahlung zu tun hat oder ob sie bewusst mit Mandalas oder Ritualen herbeigeführt wurde.

In der Geomantie und der Esoterik wird oftmals die Annahme vertreten, dass Kultstätten auf besonderen Kraftorten gebaut wurden. Bekannte Orte, die man als Kraftorte bezeichnet, sind unter anderem Stonehenge in Großbritannien, die Pyramiden in Ägypten und mittlerweile die Externsteine in Deutschland.

Ritualplätze

Überall dort, wo Rituale zelebriert werden oder wurden, handelt es sich um Ritualplätze. Je nach Intensität der Nutzung und den damit verbundenen Absichten kann es ein Kraftplatz oder auch ein unruhiger Platz sein. Viele Kulturen haben ihre eigenen rituellen Handlungen gepflegt. Wurde ein Platz zum Opferplatz für Lebewesen, finden wir nicht unbedingt eine stärkende Wirkung vor, sondern oftmals Energien von Unruhe, Angst, Trauer und Gewalt.

Kriegsplätze

Oftmals sind dort, wo Kriegsfelder entstanden, heute noch unruhige Energien spürbar. Das reicht von Wut, Hass, Zorn und Gewalt über Trauer und Verzweiflung bis hin zu Angst. Nicht immer muss es sich hier um bekannte Kriegsschauplätze handeln. Wo mit starken Emotionen gekämpft wurde, sind in der Regel heute noch Energien davon spürbar, wenn man sich darauf einlässt.

Ley-Linien

So nennt man Energielinien oder heilige Linien, denen man starke, aufbauende Energieströme zuordnet. Es wird behauptet, dass man früher darauf achtete, dass beispielsweise Kirchen und Burgen auf diesen Linien gebaut wurden und diese auch durch solche Linien verbunden waren. Den

Begriff soll Alfred Watkins geprägt haben. Zu den Ley-Linien schreibt man, dass sie Orte mit der Endung -ley verbanden sowie unter anderem heilige Stätten. Es wird allerdings auch viel Gegenteiliges berichtet, so dass jeder für sich prüfen muss, inwieweit der in der Geomantie gängige Begriff für ihn von Wichtigkeit ist.

Wer gelernt hat, Energien zu fühlen oder auszutesten, wird bestätigen, dass Orte einen bestimmten »Energieabdruck«, einen »energetischen Fingerabdruck«, haben. An einem Ort, an dem ein Krieg oder eine Schlacht stattgefunden hat, werden wir andere Gefühle wahrnehmen als an einem Kraftplatz. Während man bei geopathologischen Störzonen evtl. noch Rückschlüsse ziehen kann aufgrund von schief wachsenden oder mit Knoten bedeckten Bäumen, Ameisenhaufen oder der Ansiedlung bestimmter Pflanzen, so ist die Energie selbst nur über das Gefühl zu erfahren. Wenn ein Ort von uns Menschen stark mit Gefühlen belastet ist, wie beispielsweise durch Kriege, kann man dies auch viele Jahre oder Generationen später noch fühlen, wenn man sich darauf einlässt.

Die Wahrnehmung von Kraftplätzen kann sehr unterschiedlich ausfallen. Manche Menschen lieben alte Gemäuer, empfinden sie als Kraftort. So kam eine Kundin zu mir und sagte, dass sie, wenn es ihr nicht gut gehe, auf die Ronneburg fahre, dort könne sie richtig auftanken. Ich spürte etwas anderes, nicht nur Gutes. Ich schaute in der Geschichte der Ronneburg nach und fand heraus, dass von 1634 bis 1656 Erstürmungen der Burg stattgefunden haben. Die Burg hatte zudem unzählige Eigentümer, und wir werden kaum noch zuordnen können, welche Energien welche Spuren auf der Ronneburg hinterließen.

Ich hatte vorhin schon erzählt, wie die Wahrnehmung durch unsere persönlichen mentalen Filter beeinflusst werden kann. Ein weiteres Beispiel dafür war meine zweieinhalbstündige Wanderung durch das Freilichtmuseum am Lagazuoi in Südtirol. Der Felstunnel, ein ehemaliger Kriegsschauplatz der Länder Österreich und Italien, kann dort begangen werden und ist gegenwärtig zum Symbol für Frieden und Völkerverständigung avanciert. Wir sind diesen Tunnel an einem verregneten Tag hinaufgestiegen. Viele Besucher waren erstaunt über das, was diese Menschen damals unter widerwärtigsten Umständen leisten mussten. Ihr Erstaunen darüber machte sie wahrscheinlich blind für die Energien, die in dem Tunnel hingen. Es war mir lange übel und kalt, und ich musste zusehen, dass ich dort weg kam. So kann unser Erstaunen über etwas die Wahrnehmung anderer Energien verhindern, was prinzipiell ja nicht schlecht ist. Ich will damit nur noch einmal deutlich machen, wie schnell sich unsere Wahrnehmung verändern kann.

So wäre ich unter den heutigen Umständen auch nicht daran interessiert, bekannten Pilgerrouten, die überlaufen sind, zu folgen, auch wenn dort eine Ley-Linie (Kraftlinie oder auch heilige Linie genannt) verlaufen würde. Ich schöpfe viel mehr Kraft aus einem idyllischen Ort in der Natur, an dem es ruhig ist. Aber das ist nur meine persönliche Wahrnehmung. Der Ansturm auf Pilgerrouten zeigt, dass sie vielen Menschen guttun und sie eine Bereicherung darin finden. Es gibt auch die Wahrnehmung von Geomanten, die sagen, dass jeder, der diese Wege läuft, die Energie mit jedem Fußabdruck verstärkt, so dass die Kraft immer stärker wird.

Ist es wirklich die Ley-Linie, oder nehmen die Menschen einfach nur immer mehr den krassen Unterschied zwischen ihrem hektischen Alltag und der Ruhe bzw. der Besinnung auf sich selbst wahr, wenn sie die Energie stärker wahrnehmen? Ich will hiermit nicht in Abrede stellen, dass es zahlreiche Geomanten und Rutengeher gibt, die wirklich die Intensivierung von Ley-Linien festgestellt haben. Ich will damit einfach nur dazu aufrufen, nicht alles einfach zu übernehmen, sondern sich für verschiedene Wahrnehmungsaspekte zu öffnen, um offen an eigene Austestungen herangehen zu können.

Alles kann, wie in der Energiearbeit am Menschen auch, für gute oder auch für manipulative Zwecke eingesetzt werden.

Wo Ethik und Moral fehlen, wird es schwierig. So las ich, dass Energielinien und Kraftplätze von Herrschern missbraucht wurden, damit sie ihre Macht stärken konnten. Glaubt man der Aussage von Marko Pogačnik, dass Ley-Linien nicht nur Energielinien oder Energieträger, sondern auch Informationsträger sind, könnte man sie auch genutzt haben, um Menschen besser zu beeinflussen und zu beherrschen.

Petra Gehringer beschreibt in ihrem Geomantiebuch, dass Marko Pogačnik eine Ley-Linie bei Graz verfolgte, die dann spurlos an einem Platz verschwand, die eine bedrückende, todesähnliche Schwingung abstrahlte. Es stellte sich heraus, dass dort früher eine Halle stand, in der Hitler Reden hielt.

Bei meinem Wanderurlaub 2015 in Südtirol habe ich die Ruten in meinem Rucksack mitgeführt, um zu schauen, ob ich Ihnen anhand von Bildern eventuell noch besser verdeutlichen kann, was die Wahrnehmung von Kraftplätzen angeht.

Als Erstes sehen Sie ein Bild von einem Platz, den ich persönlich in Südtirol als Kraftplatz für mich auserkoren habe, ich fühlte mich unglaublich wohl darauf. Für mich stimmte hier einfach alles, die Energie war gut. Es war ein Platz, der mir gefiel, aber laut den Ruten kein richtiger Kraftplatz.

Auf dem Herrensteig war genug Platz, um mich von den Ruten führen zu lassen, ohne dabei Gefahr zu laufen, irgendwo abzustürzen, und ich kam an einen sehr unscheinbaren Platz. Wenige Schritte später kreuzten sich die Ruten über einem Kraftplatz. Der Platz wirkte eher belanglos. Nicht weit daneben war ein großes Störfeld. Es fällt auf, dass dort viele Ameisenhügel im Aufbau waren. Das sind die kleinen grauen Flecken auf der Wiese.

Mein Mann wollte kaum glauben, dass dies ein Kraftplatz sein sollte. Er stellte sich auf den »vermeintlichen« Kraftplatz, und ich machte einen ganz vereinfachten Muskeltest mit

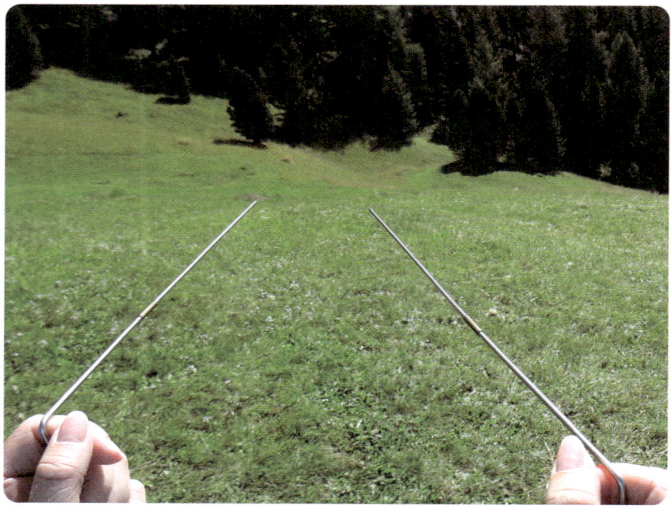

ihm. Er selbst beherrscht das Rutengehen leider nicht, um nachzumessen. Ich bat ihn also, seinen linken Arm zur Seite bis auf Schulterhöhe auszustrecken. Er sollte sagen: »Ich heiße Roland.« Und ich versuchte, mit meiner rechten Hand den Arm herunterzudrücken, was mit normalem Kraftaufwand für mich nicht möglich war. Ich bat ihn, im zweiten Schritt zu sagen: »Ich heiße Sabine.« Ich konnte mühelos seinen Arm an seinen Körper drücken. Ich bat ihn darum, »Kraftplatz" zu sagen und machte diesen Muskeltest erneut – und er hatte wieder so viel Kraft im Arm, dass es mir nicht möglich war, ihn herunterzudrücken. Doch er wollte es immer noch nicht glauben. Also gingen wir zurück auf den

Wandersteig. Ich bat ihn daraufhin, auf diesem Weg noch einmal zu sagen: »Kraftplatz!« Dies hatte zur Folge, dass ich seinen Arm ganz leicht herunterdrücken konnte. Die Rute zeigte auch keinen Kraftplatz an, also war es für mich weniger verwunderlich als für ihn.

An diesem Beispiel möchte ich Ihnen aufzeigen, dass wir Kraftplätze oft übersehen. Kraftplätze und Störfelder liegen oft nebeneinander – wie bei unserem Fund, an dem sich fünf Ameisenhaufen in unmittelbarer Nähe befanden. Dieser Platz wurde von der Rute als Störfeld lokalisiert. Würde der Mensch in diesem Fall zudem in die Natur eingreifen und daraus einen »Kraftplatz« machen, würde er den wichtigsten Waldhelfern, den Ameisen, deren Energieplatz entziehen. Der Mensch würde hier in ein empfindliches biologisches System eingreifen. Es gilt also immer die Regel, dass wir lernen müssen, gut hinzuschauen.

Strahlenflüchter und Strahlensucher

Hier handelt es sich um scheinbar überliefertes Wissen, dass mir während meiner Rutengeherausbildung zuteilwurde und welches sich in der am Markt befindlichen Literatur wiederfindet. Auch hier sind viele widersprüchliche Aussagen zu finden. Genauso in der Praxis: Ich habe Areale mit viel Lavendel und Farn (Strahlensucher), und dazwischen wachsen sehr gut die Geranien (Strahlenflüchter). Auch die Himbeeren (Strahlenflüchter) wachsen hervorragend zwischen Haselnuss und Tomaten (Strahlensucher). Auch Katzen, die nach den Überlieferungen gerne auf Störfeldern liegen, haben nach Hausuntersuchungen und Kraftplatzaktivierungen schon sehr gerne mal einen Kraftplatz genossen. Im Einzelfall hilft da nur das individuelle Nachtesten.

Strahlensucher

Aprikosenbaum*
Bambus
Brennnessel
Bohnen
Borretsch
Eiche
Farn
Fichte
Ginster
Haselnuss
Holunder
Kirschbaum
Lärche
Lavendel
Minze
Mistel
Petersilie
Pfirsichbaum
Pflaumenbaum
Pilze
Ringelblume
Schilf
Seerose
Tanne
Thymian
Tomaten*
Weide

Strahlenflüchter

Apfelbaum
Birnbaum
Buche*
Geranien
Himbeeren
Linde
Nussbaum
Rosen
Sonnenblume

** widersprüchliche Aussagen*

Bei den Tieren zählen Katzen, Insekten, Schlangen, Eulen und Ameisen unter anderem zu den Strahlensuchern. Bei den Ameisen hatte ich genug Chancen, Störfelder nachzumessen, und kann aus meiner Sicht bestätigen, dass sie ihre Hügel auf Störfeldern oder Reizfeldern errichten. Auch meine Rute zeigte Störfelder an.

Zu den Strahlenflüchtern rechnet man: Pferde, Hunde, Rinder, Schweine, Ziegen, Schafe, Rehe und alle Vogelarten.

Wachsen Bäume schräg, kann das ein Zeichen dafür sein, dass sie versuchen, einer Wasserader auszuweichen. Manche

Bäume, wie hier auf den Bildern zu sehen, verzweigen sich auch.

Ich habe in dieser Gegend am Aachensee in Tirol eine richtig breite Wasserader wahrgenommen. Die Gabelung ist vergleichbar mit dem Ypsilon-Symbol, das in der neuen Homöopathie von Erich Körbler Anwendung findet und darauf abzielt, unverträgliche Informationen in verträgliche umzuwandeln. Macht sich die Natur auf geopathischen Störzonen damit das Überleben leichter?

Feen, Elfen und Gnome

Es wundert mich nicht, dass die Geomantie der Esoterik zugeordnet wird, denn jeder, der ein Geomantiebuch in den Händen hält, wird darin über Feen, Elfen und Gnome lesen können. Ich kann es verstehen. Die feinstofflichen Aspekte unseres Lebens beziehe auch ich in diesem Buch auf meine Weise und mit meiner Wahrnehmungsfähigkeit ein. Doch wer in diesem Buch umfassendes Wissen über Naturwesen sucht, den muss ich leider enttäuschen. Schüler und Kunden, die mich kennen, wissen, dass ich viele Erlebnisse hatte, die eindeutig mit den feinstofflichen und geistigen Bereichen unseres Lebens in Verbindung zu bringen sind. Diese Erlebnisse waren für mich eine große Herausforderung, denn sie waren mit meinem Verstand nicht zu erfassen. Für manche Begebenheiten fand ich erst Monate oder Jahre später Erklärungen. Mit diesen Erfahrungen wuchs mein Respekt vor der Einzigartigkeit der verschiedenen Energieformen, die uns umgeben – sei es als grobstoffliche Materie/Körper oder feinstofflich und für das physische Auge unsichtbar.

Was bisher nicht zu meinen Wahrnehmungsmöglichkeiten zählt, ist die Wahrnehmung von Naturwesen. Ich habe für mich auch eine schlüssige Erklärung dafür gefunden. Vieles wirkte auf mich kitschig (ich möchte keinen Künstler beleidigen, denn es ist mein Geschmack – einzig und allein meiner). Wenn ich Gartenzwerge und Feenskulpturen sehe, kann ich nur selten etwas Niedliches daran finden. Manche Engelfiguren mag ich, viele eher nicht. Wer sich innerlich vor so etwas verschließt, wird dies kaum wahrnehmen können, und so könnte ich mir vorstellen, dass sich mir die Welt der Feen, Elfen und Gnome, die viele sehen, noch lange verschließen wird. Ihnen widme ich daher nur einen kleinen Teil dieses Buches.

Ich kann Naturgeister zwar noch nicht sehen, aber mit ein wenig Phantasie kann man auch mit dem physischen Auge in ihre Welt eintauchen. Sehen Sie das Gesicht des Baumes auf dem Foto Seite 93?

Manchmal beflügeln bestimmte Landschaften auch meine Phantasie. Wo es für mich märchenhaft aussieht, kann ich mir auch gut vorstellen, dass dort die niedlichen Gestalten, die wir aus Märchen kennen, leben.

Später widmen wir uns noch ein wenig der Vier-Elemente-Lehre, doch vorab lässt sich sagen, dass der berühmte

Arzt und Alchemist Paracelsus den Volksglauben so ausformulierte, dass jedem der vier Elemente ein bestimmtes Elementarwesen zugeordnet werden kann:

> Naturgeister (Erdgeister) oder Gnome,
> Wassergeister oder Undinen,
> Luftgeister oder Sylphen,
> Feuergeister oder Salamander.

In vielen Ländern haben die Naturgeister eine richtige Lobby, ganz anders als bei uns. So fand ich einen Artikel in der Süddeutschen Zeitung, in dem beschrieben wurde, dass solch eine Lobby in Island den Bau einer Autobahn stoppte, aus Angst um die dort lebenden Elfen. Sehr viele Menschen dort glauben an die Naturgeister. An ihren Orten widmet ihnen die Bevölkerung kleine Holzhäuschen und bringt ihnen Essen. (Dabei geht es den Naturgeistern wohl eher um die energetischen Schwingungen der Nahrung, denn die Nahrung selbst bleibt optisch unberührt.) Sogar eine Karte für die Aufenthaltsorte der Elfen und Feen soll es in den Fremdenverkehrsämtern von Island geben.

Auch von Irland hört man magische Geschichten von Naturgeistern. Die Bevölkerung legt Wert darauf, dass Feenwege und Elfenansiedlungen nicht gestört werden. Auf meiner Suche nach Geschichten bin ich auf Tanis Helliwell gestoßen, die Kontakt zu ihnen hat und berichtet, dass diese Naturwesen für das Wachstum in der Natur sorgen und Freude, Schönheit und Kreativität in alles Lebendige der Erde hauchen. Ihnen geht es darum, die Natur zu achten und zu schützen.

Geomantie – der Start zu Hause

Irgendwo auf der Welt sollte es einen Ort geben, an dem wir auftanken können, an dem sich unsere Batterien aufladen. Was liegt näher als das eigene Zuhause? An diesem Ort können Sie Ihre ersten Energiefühlübungen starten. Nicht immer wohnen wir allerdings so, wie wir es uns vorstellen. Doch innerhalb unserer vier Wände sollte der Zustand so optimal wie möglich sein. Um Ihr Zuhause wohnlicher und harmonischer zu gestalten, können Sie sich von alten und belastenden Energien befreien und Ihr Haus mit den Elementen Erde, Wasser, Luft und Feuer reinigen.

Energien in Räumen lassen sich fühlen – in fremden Räumen noch eher als in den eigenen vier Wänden, denn an die Energien dort haben wir uns gewöhnt. Kommen wir in fremde Räume, in denen gerade Streit war, merken wir aber sehr schnell, dass im wahrsten Sinne des Wortes etwas in der

Luft liegt. Oder unsere Stimmung verändert sich, ohne dass uns bewusst ist, warum. Manchmal haben wir auch das Gefühl, Räume oder Orte schnell wieder verlassen zu müssen. Manchmal sind Menschen in Räumen verstorben, und wir spüren Trauer oder Leid, weil diese Energien noch immer in den Räumen stecken.

Gehen wir wieder zurück zu der Annahme, dass alles Energie ist und auch wir selbst ein Energiefeld haben, das für das physische Auge nicht sichtbar ist, eine Aura. Deren Energie kann sich verändern – durch unsere Einstellung, unsere Gedanken, durch unsere Gefühle, durch Worte und Emotionen. Jede Energie hat dabei ihre eigene Frequenz, auf der sie schwingt. Gehen wir auf eine andere Frequenz, schwingen wir anders – und das hat auch Auswirkungen auf unser Umfeld bzw. auf die Räume, in denen wir uns aufhalten.

Nehmen Sie sich nun den ersten Raum in Ihrem Haus vor. Stellen Sie dafür alle möglichen Störfaktoren ab. Atmen Sie ein paar Mal tief ein und aus und stellen Sie sich vor, wie Sie beim Ausatmen entspannen. Wenn Sie das Gefühl haben, fest auf dem Boden zu stehen und entspannt sind, dann achten Sie auf Ihr Körpergefühl. Wie fühlt sich Ihr Körper an? Halten Sie die Hände vor sich oder neben sich und strecken Sie die Handinnenflächen nach vorne. Verändert sich das Gefühl? Nun zur Seite – und jetzt? Jetzt fühlen Sie mit den Handflächen nach unten – was passiert? Laufen Sie ein wenig und ganz, ganz langsam im Raum umher und machen Sie immer wieder diese Übung. Gab es unterschiedliche Empfindungen? Spürten Sie irgendwo einen »Druck« oder »Widerstand«? Ein Prickeln oder Ziehen in den Fingern oder der Hand? Wo fühlte es sich leicht an und wo schwerer?

Schauen Sie sich um, ist es optisch für Sie harmonisch? Oder fehlt etwas?

Schaffen Sie Ordnung in Ihren Räumen, falls notwendig eine gewisse Grundsauberkeit, und achten Sie dann auf die feine Wahrnehmung sowie wo Sie noch etwas verändern könnten, um das Wohlgefühl weiter zu stärken. Wie Sie Raumenergien durch Rituale oder die Kräfte der vier Elemente (Erde, Feuer, Wasser, Luft) reinigen und die Raumenergie verändern können, erfahren Sie im nächsten Kapitel.

Wer sich in seinem Zuhause wirklich wohlfühlt, tankt Energie. Und wer Energie hat, kann positiv auf andere wirken und damit Heilung, und sei sie noch so subtil, verbreiten. Nehmen Sie sich also immer mal wieder Zeit und lassen Sie Ihre Räumlichkeiten auf sich wirken.

Alchemie

Der Begriff der Alchemie und die goldene Regel der Alchemisten beruhen auf dem Grundprinzip, dass der Geist die Materie und die Materie den Geist beeinflusst. War die Alchemie der erste wissenschaftliche Versuch, physikalische und materielle Körper zu verstehen? Der Alchemist geht auf alle Fälle davon aus, dass er bei genügend Reife die Materie mit seinen Mentalkräften und seinem Verhalten verändern kann. Sicher wenden Urvölker somit nach ihren Gesetzen alchemistische Grundlagen an.

Die Alchemie beruht dabei nicht nur auf Grundlagen der Chemie, sie beinhaltet die Arbeit mit dem »Feinstofflichen«. Damit verband man auch, dass die Aufnahme von Metallen oder das Tragen von Metallen in Form von Schmuck die Energien der Elemente auf Menschen übertragen konnte.

Für mich sind die Geomantie und die Hilfsmittel, die man dabei einsetzt, eine moderne Form der Alchemie. In der Alchemie spielen die vier Elemente und als Quintessenz das fünfte Element, das Metall, eine wesentliche Rolle. Für die

Geomantie reichen uns allerdings die vier Elemente aus, sie sind als Bauplan für die Erde zu verstehen, denn nach der Vier-Elemente-Lehre besteht alle Materie aus den vier Grundelementen Erde, Feuer, Wasser und Luft. Empedokles, ein griechischer Philosoph, der biografischen Überlieferungen nach auch als Arzt gearbeitet haben soll, nahm an, dass die vier Elemente unvergängliche und unveränderliche Grundsubstanzen sind und dass sich durch ihre Mischung die Vielfalt an Stoffen bildet. Die Vier-Elemente-Lehre wurde maßgeblich von ihm geprägt. Er knüpfte dabei an die Ideen seiner Vorgänger an, die glaubten, dass es einen einzigen Urstoff geben müsse. Sein Vorgänger Thales nahm Wasser als Urstoff an, Anaximenes die Luft und Heraklit glaubte, dass Feuer der Urstoff sein müsse. So wurde die Lehre der vier Elemente schon vor über 2000 Jahren durch die Griechen erfunden, wenngleich ihre Erkenntnisse wohl fast nur durch Gedanken untermauert wurden, nicht durch Experimente in der Praxis.

Die Geomantie nun zerlegt die Welt nach den vier Elementen in ihre Grundsubstanzen und deutet intuitiv die Zeichen der Erde oder verändert Raum- oder Ortsenergien. In der Geomantie hat man sich durch die wechselseitigen Beziehungen zwischen den vier Elementen wohl auch einige Naturphänomene erklären können:

Trockenheit = Feuer-Erde

Wärme = Feuer-Luft

Kälte = Wasser-Erde

Feuchtigkeit = Wasser-Luft

Jede Erscheinung ist ein Zusammenspiel der vier Elemente, jedoch überwiegt jeweils eines davon. Die vier Elemente sind als Kreislauf zu sehen, sie benötigen einander und stehen miteinander im Austausch: Feuer braucht die Luft, Erde braucht das Feuer, denn sie entsteht aus Asche, und die Erde braucht das Wasser, damit Leben auf ihr möglich ist.

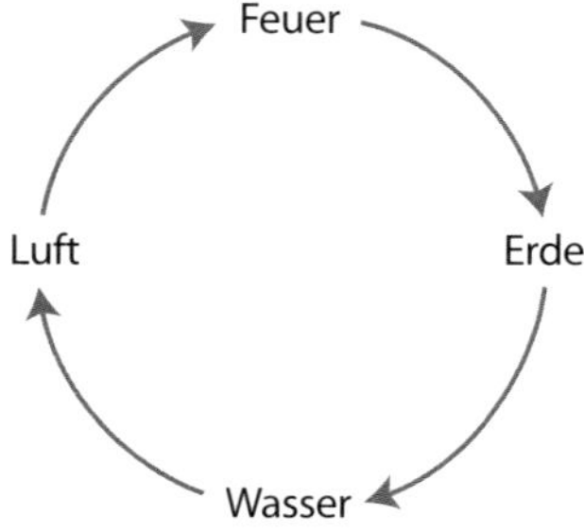

Erde

Zum Element Erde wird alles gezählt, was feste Materie und damit grobstofflich ist. Dies umfasst beispielsweise Steine, Mineralien, Holz, Metall, Salze, die Erde im Sinne von Erdboden, Pflanzen, natürlich zählen auch die Lebewesen zum Element Erde und vieles mehr.

Erde lässt sich formen, ist gleichzeitig aber auch schwerer zu bewegen. Nicht umsonst brauchen wir Bagger, wenn wir einen größeren Erdaushub vorhaben. Erde ist eher ruhig und bleibt an ihrem Platz. Gibt es jedoch ein Erdbeben oder einen Erdrutsch und Erde gerät in Bewegung, so steht hinterher kein Stein mehr auf dem anderen.

Betrachten wir uns die Steine, Kristalle und Metalle und ihre Entstehungsgeschichte, so spiegeln auch sie diese »Schwere«, die notwendig ist, um sie überhaupt entstehen zu lassen. Sie brauchen Millionen von Jahren, um zu entstehen. Kristallen und Mineralien wird nachgesagt, dass sie Einfluss auf uns nehmen können, nicht umsonst werden viele als Heilsteine bezeichnet. Auch sie geben Schwingungsmuster an uns weiter und können damit unsere eigenen Schwingungsmuster beeinflussen. Steine mit einer guten kristallinen Struktur sind darüber hinaus in der Lage, auch Informationen aufzunehmen und abzuspeichern, so dass man sie sich für verschiedene Themen als Speicherstein zunutze machen kann. Man sollte dann aber auch berücksichtigen, dass sie unter Umständen auch ungewollte Informationen aufnehmen und diese nach einiger Zeit abstrahlen, wenn ihr Speicher voll ist. Dies macht es erforderlich, sie von Zeit zu Zeit zu reinigen, wenn man sie für Erd- oder Raumheilungsrituale verwenden möchte.

Wollen wir einen Raum nach dem Element Erde charakterisieren, so achten wir auf Elemente wie Schwere, Geschlossenheit, Nischen und dunkle Farben wie Schwarz, Braun, Dunkelgrün oder Dunkelrot.

Wasser

Wir selbst bestehen je nach Alter und Geschlecht zu 50 bis 80 Prozent aus Wasser, und etwa 70 Prozent der Erdoberfläche sollen mit Wasser bedeckt sein. Das alleine zeigt schon, wie viel Einfluss Wasser auf unser Leben hat. Ohne Wasser gedeihen keine Lebensmittel, trinken wir zu wenig Wasser, gerät unser Organismus aus dem Gleichgewicht. Wasser scheint nach neuesten Erkenntnissen auf Schwingungen zu reagieren. Masaru Emoto war ein japanischer Parawissenschaftler und Alternativmediziner, der dies immer wieder mit eindrucksvollen Experimenten aufzeigte.

Wasser kann reinigend wirken. So ist die Luft nach einem Regen klarer – wir reinigen nicht nur uns mit Wasser.

Doch zum Element Wasser gehört nicht nur das Wasser, alle Flüssigkeiten werden in der Vier-Elemente-Lehre unter dem Begriff Wasser zusammengefasst, wie beispielsweise auch Alkohol.

Wollen wir einen Raum nach dem Element Wasser charakterisieren, so achten wir auf fließende Übergänge zwischen den Räumen, ob sie ruhend wirken oder bewegt. Weiter achten wir schwerpunktmäßig auf Farben in Blau- und Grüntönen, die transparent sind.

Luft

In der Luft kommen Gasmoleküle vor, so dass auch Gase dem Element Luft zugeordnet werden.

Das Element Luft ist das leichteste und beweglichste der vier Elemente, und ihm wird das Freie, Bewegliche zugeschrieben, so wie den Vögeln. Es gilt als ungebundenes Element.

Luft hat die natürliche Tendenz, sich auszubreiten und überall zu sein. Luft ist nicht greifbar.

Wollen wir einen Raum nach dem Element Luft charakterisieren, so achten wir auf Elemente, die nach oben streben, die transparent sind, hell und weitläufig. Zum Element Luft gehören Pastelltöne und die Farbe Weiß.

Feuer

Feuer ist im Grunde eine freiwerdende oder zuzuführende Energie. Das Element Feuer versorgt uns mit Licht und Wärme, es ermöglicht uns, zu kochen, zu heizen und im Dunkeln Licht zu haben. Ohne Licht werden wir krank.

Feuer transformiert, und da passt hervorragend die Aussage: »Mir geht ein Licht auf.« Wenn uns ein Licht aufgeht, haben wir eine Erkenntnis, wir haben etwas gelernt und verstanden. Feuer drängt nach Entfaltung und Flammen steigen auf. Doch Feuer kann auch eine zerstörerische Macht haben, wenn etwas in einem Flammenmeer versinkt.

Haben wir Kompost, der verrottet, so entsteht dabei auch Wärme. Das bedeutet, dass das Element Feuer in der Natur automatisch vorhanden ist und sich in verschiedenster

Form zeigen kann. Blicken wir im Herbst auf das sich verfärbende Laub, erleben wir die Wandlungsprozesse in der Natur, und wo Wandlungsprozesse zugelassen werden, wird das Element Feuer unterstützt.

Wollen wir einen Raum nach dem Element Feuer charakterisieren, so achten wir auf Wärme, Helligkeit und die Farben Rot, Gelb und Orange.

In der Geomantie schaut der Geomant, wie die vier Elemente an Orten zusammenwirken. Bestehen Disharmonien, geht es darum, wie diese ausbalanciert werden können. Sie können auch wieder mit dem Finger- oder Muskeltest oder einem Pendel arbeiten, um herauszufinden, welches der Elemente an einem bestimmten Platz gestärkt oder minimiert werden muss.

Module der Raumreinigung

In der Geomantie kommen unter anderem Klänge, Farben, Düfte, Gedanken und Gebete zur Anwendung. Alles schwingt auf einer bestimmten Frequenz und hat einen bestimmten Informationswert, der wiederum Prozesse ansteuert. Jedoch ist jeder Mensch und jeder Organismus einzigartig, und dieses Prinzip lässt sich auch auf Räume übertragen. Wenn fünf Menschen Rückenschmerzen haben, kann es sein, dass jeder Einzelne von ihnen eine andere Therapie oder Behandlungsmethode braucht, um ganzheitlich gesund zu werden.

Es gibt unzählige Möglichkeiten, um – zusätzlich zu einem normalen Hausputz – energetische Raumreinigungen vorzunehmen. Eine Möglichkeit ist beispielsweise das Räuchern. Wenn es Ihnen Freude macht, empfehle ich Ihnen, sich mit den zahlreichen am Markt erhältlichen Kräutern und Harzen vertraut zu machen. Ich selbst nehme weißen Salbei, da man ihm nachsagt, dass er die stärkste Pflanze zur Reinigung sei. Doch es ist nicht nur die Kraft des Krautes, welches die Hausreinigung unterstützt, es ist auch Ihre geistige Einstellung dazu. Wenn Sie sich mit einem Räucherwerk nicht wohlfühlen, erzeugen Sie selbst schon wieder eine niedrig schwingende Energie, die Sie im Raum hinterlassen. Wem weißer Salbei vom Geruch her missfällt, sollte daher unbedingt auf ein anderes Räucherkraut oder Harz ausweichen.

Wenn ich räuchere, so bediene ich das Element Luft. Ich zünde mein Räucherwerk an und gehe damit durch den ganzen Raum, auch an allen Kanten des Raumes entlang. Ich räuchere um die Tür, das Fenster und in jeder Ecke. Bitte seien Sie achtsam und passen Sie auf, dass keine Asche an Textilien kommt, Sie also nicht irgendwelche Brände auslösen oder Brandlöcher verursachen. Ich nehme immer noch ein Behältnis mit Sand mit, um darin die Asche aufzufangen. Will der Rauch nicht dort hinziehen, wo ich das Gefühl habe, dass es notwendig ist, bediene ich mich eines Fächers und fächere den Rauch gezielt dorthin, wo ich ihn haben will. Im Anschluss lüfte ich das ganze Haus durch. Es kann passieren, dass man das Gefühl bekommt, man müsse aus dem Haus flüchten, wenn auf einmal alle Fenster und Türen auf sind und ein Durchzug entsteht. Doch hinterher hat es etwas unglaublich Befreites.

Das Element Feuer können wir bedienen, indem wir eine Kerze im Raum aufstellen und anzünden. Kerzen bringen Licht ins Dunkel. Sind sie speziell geweiht oder ist unsere mentale Kraft so groß, dass wir mit ihrem Abbrennen eine Reinigung von Energien verbinden können, so hat auch eine Kerze einen reinigenden Einfluss auf den Raum. Oft höre ich von Kunden, dass sie einen Raum als »dunkel« empfinden, auch wenn er Tageslicht hat. Eine Kerze bringt dann nicht nur für das physische Auge Licht, sie bringt auch Licht in die Welt der Energien.

Um das Element Erde einzusetzen, können Sie Salz für die Raumreinigung verwenden. Stellen Sie dazu ein Schälchen mit Salz im Raum auf. Wenn Sie sich mental darauf einstellen, dass das Salz niedrige Energien aus dem Raum aufnimmt, werden Sie sich hinterher befreiter fühlen. Salz besteht aus Kristallen, und Kristalle sind dafür bekannt, dass sie nicht nur Energie abgeben können, sie können auch Energie aufnehmen. Viele haben schon erlebt, dass Salzgrotten und Salinen unsere Atemwege befreien oder uns leichter atmen lassen, die Luft erscheint klar. Übertragen Sie diese Annahme mithilfe Ihrer geistigen Kräfte auf das Salz, und spüren Sie, ob Sie eine wohltuende Wirkung wahrnehmen können.

Sie können aber auch Steine verwenden. Manche Heilsteine sind dafür bekannt, die Raumenergie positiv zu verändern. Meine Wahrnehmung ist, dass die Steine selbst Energie nicht abschirmen, aber unsere Energie so positiv verändern können, dass wir stärker sind und Negatives oder Belastendes besser kompensieren können. Oftmals werden große Rosenquarze genommen, weil man ihnen nachsagt, dass sie Erdstrahlungen oder Elektrosmog abschirmen. Sie mögen meiner Ansicht nach Wirkungen zeigen, jedoch habe ich durch Auspendeln auch schon festgestellt, dass sie unter Umständen so stark mit den Strahlungen aufgeladen waren, dass sie diese unerwünschten Strahlungen, wogegen sie aufgestellt wurden, wieder abstrahlten. Die Steine hätten also in kurzen Zeitabständen Reinigungen nötig, um die aufgenommene Energie wieder loszuwerden. Neben dem Rosenquarz findet man auch über den Baryt Berichte, dass er unter anderem vor Erdstrahlen und Elektrosmog schützt, bei Elektrosmog können Sie auch den Schungit nutzen. Probieren Sie aus, was Sie anspricht, und achten Sie auf Ihr Gefühl.

Ich selbst habe die beschriebenen Steine nie eingesetzt, da ich mit meinen Bergkristallen wunschlos glücklich bin. Je klarer der Bergkristall in seiner Struktur ist, desto besser speichert er Informationen ab. Dies ist auch der Grund, warum ich ausschließlich mit ihm arbeite. Wie lange diese Schwingungen im Stein verbleiben, hängt von seiner Aufgabe und der Intensität der Nutzung ab. Ich programmiere die Steine mithilfe von Reiki oder durch das Einschwingen mit dem Pendel oder Tensor. Wer bereits mit diesen Techniken arbeitet, hat so wunderbare Hilfsmittel an der Hand.

Andernfalls lässt sich das Ganze mit einer Reiki-I- und Reiki-II-Ausbildung erlernen oder mit einer entsprechenden Ausbildung mit dem Pendel oder Tensor. Diejenigen, die bereits eine Reiki-II-Ausbildung absolviert haben, wissen, dass sie mithilfe der Symbole und Mantren Programmierungen vornehmen können. Man braucht in jedem Fall eine erlernte Technik, um Steine programmieren zu können, oder das Wissen um seine mentalen Kräfte. Ich will nicht ausschließen, dass es Menschen gibt, die Steine einzig und alleine dadurch programmieren können, dass sie zentriert, konzentriert und fokussiert mithilfe ihrer Mentalkräfte Steinen eine spezielle Funktion zuordnen können. Doch das dürfte die Ausnahme sein. Auch die Pendeltechnik lässt sich nach meiner Erfahrung leider nicht auf die Schnelle vermitteln, es wäre ein Part für Pendelgeübte, also ein Fortgeschrittenenkurs.

Stellt man Steine im Raum auf, so nimmt man größere Steine, die sich optisch harmonisch in den Raum einfügen. Verlassen Sie sich bei der Suche nach einem geeigneten Platz auf Ihr Gefühl, und probieren Sie so lange die Standposition aus, bis Sie ein gutes Gefühl haben.

Reinigen Sie Ihre Steine ab und zu unter fließendem Wasser (die benannten Steine vertragen Wasser). Damit werden sie entladen. Haben Sie Ihren Stein programmiert und möchten diese Programmierung löschen, so machen Sie dies auf die gleiche Weise, mit der Sie ihn programmiert haben. War er nicht programmiert, so lädt er sich aufgrund seiner natürlichen »Heilprogrammierung«, die er von sich aus mitbringt, schneller mit Informationen auf. Hier unterstützt den Bergkristall eine Amethystdruse, die man auflegen kann. Der Reinigungsprozess kann bis zu einem Tag dauern.

Jetzt gilt es noch, das Element Wasser zu bedienen. Der bereits erwähnte japanische Wasserforscher Dr. Masaru Emoto hat sehr eindrucksvoll aufgezeigt, dass Wasser Informationen aufnimmt und ein Energieträger ist. Er hat mithilfe von fotografierten Eiskristallen gezeigt, dass diese sich in ihrer Struktur verändern – je nach Qualität der Informationen, die auf das Wasser trafen. Wenn Wasser Informationen aufnehmen kann, so können wir auch versuchen, es für unsere Zwecke zu nutzen. Wichtig ist auch hier, dass Sie die innere Offenheit dafür mitbringen. So können Sie ein Wasserbehältnis aufstellen und ihm die Aufgabe der Raumreinigung zuteilwerden lassen. Dies kann beispielsweise dadurch geschehen, dass Sie das Wasserbehältnis auf einen Zettel mit der Aufschrift »Raumreinigung« stellen. Die andere Möglichkeit wäre, sich ein Raumreinigungsspray selbst herzustellen und diese Raumreinigung zu versprühen. Wichtig ist, dass es konform mit Ihrem Inneren ist, denn wenn Sie sich innerlich sträuben, wird es keine Wirkung haben.

Mandalas © Oliver Vucic

Ich nehme gerne meine Raumreinigungen durch Räucherungen und Reiki vor. Mithilfe des zweiten Reikigrades gelingt es mir sehr gut, die Raumatmosphäre in einen für mich harmonischen Zustand zu versetzen. Ich habe das Glück, dass mein Mann gerne Räucherwerk mag, doch nicht jeder Kunde, der zu mir kommt, liebt diesen Geruch, und so versuche ich, möglichst neutral zu arbeiten.

Bei der Raumreinigung sind Ihrer Kreativität und Phantasie keine Grenzen gesetzt. Auch Klänge verändern die Raumenergie. Egal ob Klangschalen, Stimmgabeln oder eine schöne Musik zum Einsatz kommen, es verändert die Raumenergie. Auch das Singen von Mantren kann die Raumschwingung verändern. Darüber hinaus gibt es die Möglichkeit, Mandalas und Symbole einzusetzen. Ich arbeite mit einem Geschäftspartner zusammen, der Affirmationen oder Worte in Mandalas umwandeln kann und so verschiedene Bilder erstellt, die Räumen bei einer Verwandlung helfen.

Ich selbst habe vor etwa drei Jahren das Symbol auf Seite 118 vor meinem geistigen Auge gesehen.

Kollegen und ich haben drei Jahre lang experimentiert, um herauszufinden, was das Symbol bewirkt. Wir würden jedoch leider gegen das Heilmittelwerbegesetz verstoßen, wenn wir über alle unsere Erfahrungen berichteten. Leider! Es bleibt nur jedem selbst überlassen, in seinen Körper hineinzufühlen und zu schauen, inwiefern er damit in Resonanz geht und ob er Erleichterung spürt. Wir haben allerdings auch festgestellt, dass das abgemalte Symbol nicht dieselbe Wirkung hat wie das, was wir selbst herstellen und vertreiben. Es ist kopiert viel schwächer. Lange habe ich das Symbol für Testungen per Mail verschickt. Hier gab

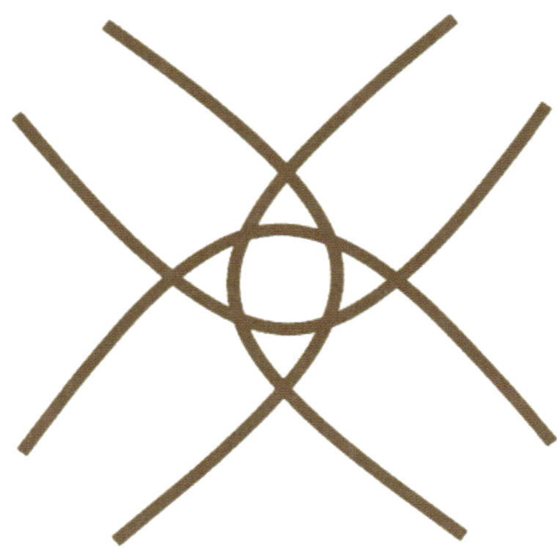

Symbol zur Raumreinigung © Sabine Kühn

es erst nur wenig Feedback. Erst als ich Ware aus der Hand gegeben habe, kamen massenhaft Rückmeldungen.

Unsere Kissen und später auch Bilder haben Raumenergien verändert, der Muskeltest in Verbindung mit Handystrahlungen wurde stärker. Warum das so ist und warum nicht jeder Mensch gleich darauf reagiert, können wir uns nur so erklären, dass eben jeder Organismus einzigartig ist und nicht alles für jeden Menschen gleich wirkt.

Das Symbol verbindet die vier Elemente und zentriert. Ich hörte dazu das Wort »Tor« oder »Thor«. Das Tor öffnet für Neues. Nehmen wir Attribute von dem Donnergott Thor dazu, so stärkt er unter anderem zum Beispiel folgende Eigenschaften:

Tapferkeit und Stärke,

Beständigkeit und Zuverlässigkeit,

Ehrlichkeit und ein unkompliziertes Wesen,

Intensität und Leidenschaft.

Ganz klar geht aus den Überlieferungen hervor, dass ihm ambivalente Eigenschaften zugesprochen werden und er für die einen zerstörerisch, mächtig und gewaltig war, für andere stand er dagegen für Fruchtbarkeit, Erneuerung und Glück. Zerstörerisch würde in dem Fall im übertragenen Sinne passen, da das Symbol Energien verändert – und das sehr stark.

Wir setzen das Bild als Wandbild ein, als Kissen und als Handyaufkleber und nennen es »Seelenschmeichler« zum Entdecken, Erfinden, Analysieren, für Durchsetzungsvermögen, Verantwortungsbewusstsein, Kreativität und Zentrierung.

Darüber hinaus gibt es noch zahlreiche Hilfsmittel, die Feng-Shui-Berater anwenden, um die Wohnraumatmosphäre zu verbessern. Wenn Sie sich nach all diesen Maßnahmen immer noch nicht wohlfühlen, schauen Sie sich auf dem Markt um, was an Möglichkeiten und Hilfsmittel angeboten wird, und fühlen Sie in sich hinein, was davon Sie anspricht. Eine recht allgemeine Übersicht, um Belastungen und Hilfsmittel auszutesten, finden Sie in den folgenden Kapiteln.

Wie im Innen, so im Aussen

Bei unseren vielen Hausuntersuchungen haben meine Kollegin und ich festgestellt, dass sich oft geistige Energien in Wohnungen oder Häusern aufhalten, die mit denen der Bewohner in Resonanz gehen. Das heißt, dass sich geistige Energien die Umgebung suchen, in der sie sich wohlfühlen. So macht es wenig Sinn, diese zu vertreiben, sondern es hat sich bewährt nachzuschauen, was es für den Bewohner zu verstehen oder zu lernen gilt – und dann verschwinden diese Energien.

So hatten wir jüngst zwei verschiedene Fälle, die sehr interessant waren. In dem einen Haus spukte im wahrsten Sinne des Wortes eine Mutter, die auf der Suche nach ihrem Kind war. Die Bewohnerin selbst hatte in der frühen Jugend abgetrieben und war sich nicht bewusst, dass sie diesbezüglich noch Blockaden hatte. Ein paar Coachings bei ihr brachten ihr Klarheit, und sie war auch bereit, diese Gefühle aufzuarbeiten und in Heilung zu bringen. Sie war auch bereit, ihre eigene Trauer, die in vielen Bereichen ihres Lebens Einzug gehalten hatte, aufzuarbeiten. Es ging ihr mit dem Gesamtpaket von Tag zu Tag besser.

Eine andere Kundin hatte in einer Ecke des Hauses starke Unordnung und ganz wirre Energien. Wir stellten fest, dass dort Kinder spielten, und rieten ihr, mehr zu tun, was ihr wirklich Freude macht, und in dieser Ecke bunte, schöne Sachen zu deponieren. Auch sie stellte fest, dass sich die Energien in dieser Ecke beruhigten.

Es ist also kein Zufall, wenn sich Bewohner unbewusst an Orten aufhalten, an denen es etwas zu klären gibt, da sie in Resonanz dazu stehen – sie tragen dasselbe Problem in sich. Wird es gelöst, kann sich sehr viel an Energie verändern.

Man kann nicht alles, was man in Räumlichkeiten vorfindet, pauschal über einen Kamm scheren und beispielsweise sagen: Wenn eine Ecke wüst ist, spielen da Kinder. Man muss jeden Raum individuell betrachten. Doch sind Räume kalt und steril eingerichtet, dann sind mit Sicherheit Blockaden auf der Gefühlsebene beteiligt. Machen Sie sich doch selbst in Zukunft immer wieder einmal ein Bild von Räumen, und betrachten Sie mit allen Sinnen die Menschen, die dort leben.

Mögliche Belastungen und energetische Hilfsmittel austesten

Am einfachsten wäre es, wenn Sie die nachfolgend aufgeführten Beispiele auspendeln würden, indem Sie die Frage stellen: »Was braucht dieser Platz?« Oder Sie machen den Fingertest, den Sie sicher bereits geübt haben. Ich selbst habe mir mit dem, was mir zur Zeit zur Verfügung steht, einfach eine Testliste erstellt, die Sie mit Ihrem Wissen natürlich jederzeit abändern und ergänzen können.

1. Arbeit mit der violetten Flamme. Eine Möglichkeit wäre hier, sich vorzustellen, wie überall aus dem Boden kleine violette Flämmchen lodern, die mit ihrer transformierenden Kraft die Energien, die es umzuwandeln gilt, transformieren.

2. Lichtsäule. Stellen Sie sich hier mithilfe Ihrer mentalen Kräfte vor, wie eine Lichtsäule über dem Ort, um den es geht, aufgebaut wird. Sie kann ins Universum reichen, tief ins Erdinnere vordringen und in sich kosmische und Erdenergie vereinen. Vielleicht haben Sie

aber auch das Bedürfnis, dass dieser Ort nur kosmische Energie erhält oder sogar etwas von diesem Ort in den Kosmos abgezogen wird. Lassen Sie Ihren Impulsen freien Lauf!

3. Kerze. Stellen Sie eine Kerze auf, die Ihnen für den ausgewählten Platz gefällt, und lassen Sie diese unter Ihrer Aufsicht so lange brennen, bis Sie ein gutes Gefühl für diesen Platz haben. Vielleicht ist es auch ein Platz, an dem Sie regelmäßig das Bedürfnis haben werden, eine Kerze anzuzünden, wenn Sie sich dort aufhalten.

4. Farben oder Farblicht. Manchmal verändert sich eine Raumatmosphäre durch Farben. Vielleicht wäre ein neuer Farbanstrich sinnvoll oder eine Farblampe, um die Schwingung im Raum zu verändern.

5. Wasserspray. Wasser hat etwas Reinigendes. Es gibt viele Anwendungsmöglichkeiten für ein Wasserspray. Man kann Wasser genauso programmieren wie beispielsweise einen Edelstein. Wasser programmiert sich aber auch, wenn wir einen Zettel nehmen, ein Wort oder einen Satz darauf schreiben und anschließend das Wasserbehältnis längere Zeit darauf stellen. Das können Minuten aber auch einmal eine halbe Stunde sein. So können Sie auch themenbezogen Raumsprays

herstellen. Wenn Sie das Bedürfnis haben, dem Wasser ein ätherisches Öl beizufügen, ist auch das möglich.

6. Räuchern. Nutzen Sie die Möglichkeit, mithilfe von Räucherwerk die Energie eines Raumes oder Ortes zu verändern. Es gibt zahlreiche Möglichkeiten, um mit Kräutern und Harzen zu experimentieren. Entweder lassen Sie ein Räucherwerk an einem Ort abbrennen oder Sie gehen gezielt in verschiedene Raumbereiche, wie auf Seite 111 beschrieben.

7. Energieübertragung. Hier sollten Sie auf Ihnen zugängliche oder geläufige Methoden zugreifen, mit deren Hilfe Energie übertragen werden kann. Das kann mithilfe von Radionik-Geräten sein, mithilfe von Reiki, über das Handauflegen, über Heilmagnetismus etc.

8. Gebet. Sie können für einen Platz beten, damit er Heilung erfahren kann.

9. Programmierter Stein/Kristall oder Salz. Suchen Sie intuitiv einen geeigneten Stein aus, den Sie aufstellen, aufhängen oder hinlegen möchten, oder programmieren Sie beispielsweise einen Bergkristall, damit er eine bestimmte Funktion übernehmen kann. Siehe dazu auch Seite 112 ff.

10. Symbol oder Mandala. Vielleicht haben Sie den Impuls, ein vorhandenes Mandala oder ein vorhandenes Symbol einzusetzen oder werden selbst kreativ. Oder es erscheint Ihnen ein Symbol oder Bild im Traum. Testen Sie selbst, ob es bei entsprechendem Einsatz die Energie des Ortes oder Raumes verändert.

11. Klänge. Musik, Töne und Klänge erzeugen eigene Frequenzen und nehmen damit auch Einfluss auf die Frequenzen und Schwingungen von Orten. Nehmen Sie beispielsweise Entspannungsmusik, fröhliche Musik oder Mantrengesänge und fühlen Sie, ob sich die Ortsenergie dadurch für Sie wahrnehmbar verändert.

12. Mandala. Siehe Seite 116 f.

Genauso kann man austesten, welche Belastung vorliegt. Auch diese Liste ist beliebig nach Ihrem Kenntnisstand veränderbar. Beispielfrage: »Welche Belastung liegt hier vor?«

1. ELF-Wellen. Man sagt ihnen nach, dass sie unser Bewusstsein beeinflussen können.
2. Geistige Energien. Dies können auch eigens erzeugte sein.

3. Erdstrahlung
4. Hochfrequente Belastung. Dazu zählt z. B. Mobilfunk, WLAN etc.
5. Niederfrequente Belastung. Diese entsteht, wenn ein elektrisches Gerät unter Spannung steht.
6. Wasserader
7. Wasserkreuzung
8. Radioaktive Niedrigstrahlung. Zusammenspiel aus natürlicher und künstlicher Strahlung wie Röntgenstrahlung.
9. Friedhofsplatz
10. Schlachtfeld
11. Ritualplatz

Berücksichtigen Sie stets, dass unter Umständen auch mehrere Belastungen vorliegen und daher auch mehrere energetische Hilfsmittel nötig sind oder getestet werden.

Bitte seien Sie achtsam! Es handelt sich bei solchen Hilfsmitteln keineswegs um wissenschaftlich anerkannte Produkte. Wenn Sie jemandem versprechen, dass bei einer Elektrosmogbelastung ein Symbol hilft, machen Sie sich strafbar. Mit Messgeräten wird man die Elektrosmogbelastung auch dann noch messen, wenn Sie überall Symbole angebracht haben. Lediglich auf geistiger Ebene lässt sich über den Muskeltest austesten, ob der Körper in dem Elektrosmogfeld unter Einsatz der Symbole einen stärkeren Muskelwiderstand aufweist.

Heilung der Erde

Heilung wird dort benötigt, wo etwas in Disharmonie geraten ist. Dabei spielt es keine Rolle, wodurch die Disharmonie entstanden ist. Wichtig ist dabei, dass man mit der Annahme konform gehen kann, dass alles im Universum Schwingung ist, egal, ob es Steine, Farben, Musik, Menschen oder Symbole oder irgendetwas anderes ist. Alles, was existiert und schwingt, sendet Informationen aus. Alles steht miteinander in Kommunikation. Heilmethoden beruhen auf der Grundlage, dass sie durch Schwingung und Information harmonisierende Frequenzen aussenden und etwas wieder in Einklang bringen, was in Disharmonie ist.

Ist die Erde erkrankt, geht es dem Geomanten oder Erdheiler darum, die Erkrankung, die Disharmonie, wieder in die richtige Schwingung zu bringen – in Einklang mit dem, was der Ort braucht. Man hofft damit, die Energie des Ortes wieder in Fluss zu bringen, damit er sich selbst weiter heilen kann. – Viele Wissenschaftler zerlegen unser Universum in kleinste Teilchen, um es kennenzulernen. Der englische Biologe Rupert Sheldrake jedoch verfolgt eine ganz andere These. Er glaubt, dass es morphische Felder – formgebende Felder – gibt, die die Materie oder Strukturen organisieren. Danach müsste es möglich sein, auf morphische Felder einer »heilen Erde« zuzugreifen. Durch das Zusammenwirken der morphischen Felder hat dies stets Auswirkungen auf andere Bereiche, die dann ebenfalls verändert werden.

Schwingungen können für uns verträglich, aber auch unverträglich sein. Vieles, was die Technik heute für uns bereithält und was künstlich erzeugt wird, führt in einem Übermaß schnell zu Unwohlsein. Und so kann auch die Erde einiges wegstecken, aber es wird immer mehr, was zerstört und verseucht wird, und so laufen wir Gefahr, dass wir die Basis unseres Lebens verlieren, wenn wir nicht unmittelbar Wege suchen, der Erde wieder Heilung zukommen zu lassen. Es gibt viele Arten, der Erde Heilung zuzuführen. Es kommt darauf an, was man glaubt, was die Erde an einem disharmonischen Platz benötigt. Vielleicht gelingt es Ihnen durch Einfühlen oder mithilfe des Pendels oder der Rute, die Disharmonie genauer zu benennen und auch notwendige Hilfsmittel zu finden. So mancher hat es zu neuen Erfindungen gebracht, weil er sich dafür geöffnet hat und in seinem Inneren bereit war, etwas Hilfreiches zu finden.

Bedenken Sie aber bitte immer auch, was ich im Kapitel zu Kraftplätzen und Störfeldern geschrieben habe! Unser Ökosystem ist so komplex miteinander verknüpft, dass es sich uns in seiner Vielfalt vielleicht nie ganz erschließen wird. Wir können also nicht genau wissen, was unser Eingreifen auslösen wird. Doch jeder Mensch, der anfängt, sich wieder bewusst mit der Erde zu beschäftigen, trägt automatisch zu ihrer Heilung bei. Allein schon das Bewusstsein, dass wir aus der Erde unser Wasser, unsere Nahrung ziehen und dass sie uns Lebensraum gibt, wird eine Menge verändern.

Ein Leben, ohne in irgendeiner Weise die Natur zu schädigen, ist kaum mehr möglich. Fast jeder von uns fährt Auto oder verschmutzt auf seine Weise durch die Verwendung von Waschmitteln oder Körperpflegemitteln das Wasser, produziert Müll etc. Mir ist bewusst, dass ich auch dazugehöre. Doch bereits der Versuch, immer weiter achtsamer zu werden und gewissenhaft mit Ressourcen umzugehen, ist ein guter Schritt. Genauso die bewusste Dankbarkeit gegenüber den Möglichkeiten, die sich bieten.

Dass unser Planet immer mehr Leid zugefügt bekommt, ist für jeden, der bereit ist hinzuschauen, offensichtlich. Die beste Erdheilung wäre, die Natur wieder sich selbst zu überlassen, denn ich glaube, sie verfügt über unglaubliche Kräfte, sofern der Mensch nicht eingreift. Die Erde hat so vielfältige Pflanzen und Tierarten und uns hervorgebracht – und zwar so, dass ein Überleben möglich war, und sie würde sich von uns, dem größten Parasiten, erholen. Wir können sie auch aktiv dabei unterstützen. Heute sieht man ja schon, wie schön sich die Energien verändern, wenn Bachläufe wieder renaturiert werden. So entstehen aus Betonkanälen auf einmal neue Feuchtgebiete, Vögel nisten dort, Störche suchen nach Mäusen, Fische siedeln sich an, Tier- und Pflanzenarten werden auf diese Weise zurückgeholt. Wir können Vorstadtgärten mit Wasserläufen und Badegelegenheiten für Vögel aufwerten und Blumen und Pflanzen ansiedeln, die Bienen und Hummeln anlocken und ihnen Nahrung geben. Es muss kein Rollrasen ohne Pflanzen sein, Natur ist vielseitiger. Wir können mit Ritualen, Gebeten und Symbolen versuchen, Energien zu lenken oder wieder in Fluss zu bringen, wo sie gestört sind. Vor allem sollten wir aufhören, weiter die Natur zu zerstören, und unachtsam mit ihr umgehen. Auf diese Weise kann sich der Mensch an der Heilung für das beteiligen, was er einst zerstört hat. Sicher fallen Ihnen noch viele weitere Beispiele dazu ein.

Die Erde braucht ein ausgeglichenes Maß an Yin- und Yangenergie. Es gibt Manager, die der Auffassung sind, dass Unternehmen, die von einem Mann und einer Frau geführt werden, mehr Erfolg haben und das glaube ich auch. Dieses Prinzip lässt sich meines Erachtens auf alle Bereiche des Lebens übertragen, auch auf unsere Erde. Dem weiblichen Prinzip werden Hingabe, Gefühl, Emotionen, Fürsorglichkeit,

Weichheit und Geduld zugeschrieben, dem männlichen Prinzip eher Härte, Handlung, Stärke, Aggressivität, Macht und analytisches Denken. In unserer heutigen Gesellschaft dominiert immer mehr der männliche Aspekt. Dies hängt auch damit zusammen, dass in unserer Gesellschaft immer mehr Frauen ihren »Mann« stehen müssen oder wollen. Es wird nicht mehr versucht, im Einklang mit der Natur zu leben, sondern aufgrund technischer Errungenschaften wird versucht, die Natur zu beherrschen. Diesem Denken liegt das männliche Prinzip zugrunde. Doch alles in der Natur strebt nach dem Ausgleich der Kräfte. Wir können es immer mehr in der Natur erleben. Werden Flüsse begradigt und Flächen zuasphaltiert und es kommt ein Unwetter, so spült es den Asphalt weg, reist Brücken und Straßen mit sich und erschafft neue Strukturen. Ein Zuviel kann also immer bedeuten, dass von dem Gegenpol auch ein Zuviel kommt und den Ausgleich schafft.

Eingangs habe ich schon geschrieben, dass, wäre das Bewusstsein der Menschen ausreichend ausgereift, es keine Erdheilung bräuchte. Für die Menschen gibt es zahlreiche Möglichkeiten, das eigene Bewusstsein zu entfalten. Es macht in diesem Zusammenhang auf jeden Fall Sinn, sich mit spirituellen Lebensgesetzen zu beschäftigen. Inwieweit der Einzelne darüber hinaus Heilmethoden erlernt, muss jeder selbst für sich entscheiden.

Die Natur spiegelt uns doch nur, was in uns ist. Es geht um Macht und Ausbeutung, egal, ob von Menschen im Berufsleben, von Völkern oder der Erde – immer geht es darum, Macht über andere zu bekommen und sich an Ressourcen zu bereichern. Wie im Inneren, so im Äußeren. Gehen wir davon aus, dass alles im Universum miteinander verbunden ist, leuchtet ein, dass es mit Erdheilung alleine nicht getan ist, wenn das Bewusstsein fehlt. Dann werden immer nur weiter Wunden verursacht, und wir schaufeln uns damit unser eigenes Grab, wenn wir es nicht schaffen, das Bewusstsein der Menschheit zu verändern. Schaut man Nachrichten, so scheinen wir jedoch sehr weit weg davon zu sein. Trotzdem sollten wir nicht resignieren, sondern weiter an unseren Möglichkeiten arbeiten und vor allem unsere eigenen Energien ins Reine bringen.

Stimmt die Annahme von Rupert Sheldrake, so sollten wir nicht müde werden, achtsam mit unseren Gedanken und Taten umzugehen, um »gute Energiefelder« zu schaffen. Wir alle wissen, wie schwer es sein kann, alte Gewohnheiten aufzugeben. Je mehr Freude uns jedoch etwas macht, umso einfacher ist es. Und mit dieser Freude gilt es, auch unser Ökosystem zu betrachten.

Unser Ökosystem ist ein ausgeklügeltes System. Es hat viele verschiedene Epochen hinter sich, und immer ist neues

Leben aus ihm entstanden. Gehen wir wieder zurück zu der Annahme, dass alles im Universum Schwingung ist und alles miteinander verbunden, so bedeutet das, dass das Zwitschern der Vögel, das Rauschen des Wassers, jede Pflanze, jedes Tier in dieses System eingebunden sind und eine Wirkung haben. Greifen wir jedoch ein, verändert sich alles. Lärm beispielsweise vertreibt manche Tierarten. Schlimmer jedoch ist, dass sich viele Tiere an den Lärm gewöhnt haben und ihn nicht mehr scheuen, und so laufen Rehe und Wildschweine auf stark befahrene Straßen und gefährden sich und die Verkehrsteilnehmer, da die natürliche Scheu nicht mehr vorhanden ist. Sie sind die Geräuschkulisse von klein auf und über Generationen hinweg gewöhnt.

Sehr fasziniert hat mich der Bericht des Försters und Autors Peter Wohlleben. Er berichtet auf wissenschaftlicher Basis etwas, das man sonst nur in esoterischen Kreisen gehört hat: Er schreibt über die Gefühle und das Sozialverhalten unter Pflanzen. Er erklärt, dass Bäume im Wald in einer Art Familienverbund leben. Sie sind Wesen mit einer eigenen Gefühlswelt. Stirbt ein Baum ab oder wird krank, so wird er von den anderen Bäumen mit einer Art Zuckerlösung versorgt. Auch kleine Bäume werden von ihren Müttern über Wurzelverwachsungen versorgt, damit sie überleben können, solange sie noch zu wenig Sonnenlicht bekommen. Die Bäume kommunizieren sogar miteinander und warnen sich bei Insektenbefall über eine Duftsprache. Dafür durchziehen Pilzfäden den Waldboden und leiten Nachrichten weiter, um zu helfen oder zu warnen und so das Überleben zu sichern.

Aber nicht nur die Kommunikation unter den Bäumen ist ein interessanter Aspekt. Nimmt man einen Buchenwald, so ist dieser in der Lage, die Temperatur um zwei oder drei Grad zu senken. Wir alle stöhnen über die Klimaerwärmung und sollten daher langsam verstehen, dass die Natur nicht umsonst Leben hervorbringt – unter anderem um uns überlebensfähig zu machen –, doch wir vernichten ohne Sorge immer weiter. Werden alte, starke Bäume abgeholzt, kann sich der Waldboden erhitzen und der Wald weiter eingehen. Wir brauchen also den Laubwald, und wir brauchen Urwälder. Erschreckend ist doch, dass es in Deutschland wohl keinen einzigen Quadratmeter Urwald mehr gibt. Von Peter Wohlleben zu erfahren, wie wichtig beispielsweise Urwälder sind, bringt hoffentlich viele Menschen zu einem Umdenken. Es ist Zeit aufzuwachen!

Bäume haben in den Wurzelspitzen gehirnähnliche Strukturen. Werden die Wurzeln beschnitten, was bei gekauften Bäumen oder Bäumen, die neu gepflanzt werden, meist der Fall ist, sind die Bäume erst einmal orientierungslos. Sie haben wenig Halt. Wenn die Bäume dann bei einem Sturm umfallen, heißt es schnell, dass es daran liege, dass es Flachwurzler waren. Dabei gibt es von Natur aus keine Flachwurzler. Bei uns werden Baumplantagen für Nutzwälder angelegt, die nicht diese Gemeinschaft bilden und sich helfen und versorgen, wie bei natürlich gewachsenen Wäldern. Meist wird bei uns mit Fichten aufgeforstet, da sie schneller wachsen und man deshalb mit ihnen mehr Geld verdienen kann. Für unsere einheimischen Vögel hat das fatale Folgen, denn sie können teilweise nicht in ihnen nisten. Und den Fichten ist es bei uns oft zu warm, was sie anfälliger für Krankheiten macht und sie eher abbrechen lässt.

Auch wenn das nur eine kurze Exkursion in den Wald war, so finde ich doch, dass sie zum Nachdenken anregt. Vieles ist noch nicht erforscht! Wir wissen viel zu wenig über die Intelligenz der Natur! Aber wir wissen: Es gilt, die Natur zu schützen.

Die Kogi – ein Volk tut alles zur Rettung und Heilung der Erde

Die Kogi sind ein Urvolk in der Sierra Nevada, das sich mit ganzer Kraft für die Rettung der Erde einsetzt. Bisher haben sie es alleine versucht, mittlerweile ist die Lage in ihren Augen so ernst, dass sie uns um Hilfe bitten.

Das Beispiel der Kogi ist für mich eines von großer Weisheit. Sie zeigen ihren Respekt vor der Natur und leben mit der Natur. Sie zeigen uns, wie Urvölker auch heute noch versuchen, die Erde zu retten, und stehen für mich stellvertretend für alle, die sich ihr altes Wissen und ihre Traditionen bewahrt haben. Sie erklären, wie sie sich für die Erde einsetzen, und wissen, wie wichtig ein ausgeglichenes Miteinander ist. Ich schreibe über sie, weil ich den 73-jährigen Máma José Gabriel, einen Weisen der Kogi, der auch der kolumbianische Dalai-Lama genannt wird, zusammen mit Oliver Driver bei einem seiner Vorträge in Frankfurt erleben durfte. Oliver ist ein spiritueller Lehrer, Schamane und Autor, hat viel Zeit mit den Kogi verbracht und sein umfangreiches Wissen über sie publiziert. Ich fragte ihn, ob ich Berichte von ihm aufgreifen dürfe, denn was er über die Kogi berichtet, betrifft meines Erachtens Anteile von dem, was wir heute unter Geomantie verstehen. Es geht um Respekt vor der Erde, um Mutter Erde, um die Erdheilung und den Ansatz, wie wir uns heilen müssen, um die Erde zu heilen. Ich bin ihm sehr dankbar, dass er mir die Erlaubnis gab, Texte (mehrfach seine Originaltexte) zu übernehmen.

Oliver kam während einer Reise in Südamerika mit einem Vertreter der Kogi in Kontakt, die sich als die Hüter der Erde sehen. Ihre Heimat, die Sierra Nevada im Nordosten Kolumbiens, nennen sie »El Corazon del Mundo«, das Herz der Welt. Dadurch, dass die Kogi so zurückgezogen leben, konnten sie sich unserem Einfluss entziehen und leben noch wie vor hunderten von Jahren. Sie haben sich dadurch ihre Tradition und ihre Art des Denkens bewahrt. Die Weisen der Kogi, die Mámas, haben entschieden, dass ein paar von ihnen den Kontakt zu unserer Zivilisation nach Jahrhunderten der Zurückgezogenheit aufnehmen, da sie die Erde retten möchten und das alleine nicht mehr schaffen. Sie berichten, dass nach ihrer Auffassung alles Leben auf der Erde von der Sierra Nevada ausgeht. Da sie sich selbst als die großen Brüder bezeichnen, die auf uns, die kleinen Brüder, aufpassen müssen, sehen sie sich auch in der Verantwortung, für das Gleichgewicht auf allen geistigen und materiellen Ebenen zu sorgen, und daher ist es ihnen so wichtig, dass ihre Kultur überlebt. Sonst können sie die Erde nicht retten. Doch sie spüren auch, dass sie es, wie bereits erwähnt, alleine nicht schaffen können, und verstehen nicht, warum wir das nicht auch erkennen. Nun bitten sie uns um Hilfe.

Der 73-jährige Máma José Gabriel ist der Weise der Kogi-Indianer, der bei seiner Geburt dazu auserwählt wurde, Botschafter seines Volkes zu sein. Nun kommt er nach Deutschland und berichtet anhand von Projekten wie »Café Kogi« oder der Produktion von Pflanzenmehl, wie die Kogi dabei im Einklang mit der Natur denken und arbeiten. Dort, wo sie Landwirtschaft betreiben, verbessern sie das Ökosystem. Nur wenn sie der Erde etwas zurückgeben, ist es ihnen erlaubt, auch etwas zu nehmen. »Du gibst mir, ich gebe dir. Du hilfst mir, ich helfe dir« ist das oberste Prinzip.

Die Kogi setzen Rituale ein, für die sie bestimmte Plätze beziehungsweise »heilige Stätten« benötigen. Dies können große Felsen, Quellen oder andere Landschaftsorte sein. Es sind immer Plätze, die natürlich sind und nicht künstlich erschaffen wurden. Im Gegensatz zu uns missbrauchen sie diese Plätze nicht als Ausflugsziel, denn sie sind der Auffassung, dass diese dann an Kraft verlieren. Sie schützen und beschützen diese Orte. An diesem Punkt geht das mit meiner Wahrnehmung überein, was ich bereits bei den Ley-Linien beschrieben habe. Ich habe schon darauf hingewiesen, dass

Kraftplätze für mich möglichst unberührte Plätze sind. Ich kann sehr gut die Wahrnehmung und Denkweise der Kogi nachvollziehen.

Die Kogi leben das, wonach viele, die sich mit spirituellen Praktiken beschäftigen, streben. Sie achten darauf, dass sie gute und schöne Gedanken haben, da die Gedanken für ewig leben werden. Sie möchten auf diese Weise verhindern, dass ihre Nachkommen irgendwann für schlechte Gedanken bezahlen müssen. Ihre Rituale sehen sie als Ausgleich und Dank für das, was sie bereits empfangen haben.

Die Kogi glauben, dass alle heiligen Plätze miteinander verbunden sind, wie ein Netzwerk, und dass jeder Platz ursprünglich mit einem Platz in der Sierra korrespondiert hat. Sie teilen uns mit, dass diese jedoch nicht mehr mit ihnen korrespondieren können, da wir sie entweiht haben. Stattdessen spürt Máma José die Krankheiten, die unter anderem durch Bebauungen entstanden sind. Die Kogi glauben, dass es an vielen Orten notwendig ist zu renaturieren (das beinhaltet auch Abrisse) – und zwar so, dass hineingespürt wird, was dieser Ort für die Heilung braucht. Genauso schädlich sind die Gruppen von »Esoterikern«, die auf »heiligen Plätzen« Rituale abhalten, tanzen, feiern und die Plätze entweihen. Es geht den Kogi darum, dass die Gemeinschaft und die Natur wichtiger sein müssen als unser Ego.

Was tun die Kogi noch zur Rettung der Erde? Die Kogi sind davon überzeugt, dass ihnen der Gott der Bäume die Kaffeepflanze geschenkt hat, damit sie damit heilige Orte zurückerwerben können. Es sind keine Plantagen, sondern sie wachsen mitten im Wald zwischen all den anderen Pflanzen. Gerade die alten Bäume sind für die Kogi enorm wichtig. Sie sind die Ahnen aller jüngeren Kaffeepflanzen, sie sind Schutzherren, ihnen wird besonderer Respekt entgegengebracht und ihnen bringt man Opfer dar. (Dies passt zu dem Bericht von Peter Wohlleben und seinen Entdeckungen über die Urwälder!) Bei ihrem Kaffee setzen die Kogi die Kraft ihrer Gedanken zum Wohle der Natur ein statt Dünger und Pestiziden. Vor der Ernte und auch während der Wachstumsphase arbeiten sie mit Ritualen. Sehr selbstbewusst verzichten die Kogi auf Bio-, Öko- oder Fairtrade-Siegel. Sie sagen: »Warum sollten wir uns von euch, die Ihr die Erde schädigt, zeigen lassen, wie man mit der Natur umgeht?« Ist das nicht eine gesunde Einstellung? Sie konnten sich all den Beratern und Verkäufern widersetzen, die ihnen hochgezüchtete oder genmanipulierte Kaffeesorten, künstliche Dünger oder Pestizide verkaufen wollten. Sie arbeiten in Partnerschaft mit der Natur und Mutter Erde. Sie wissen, dass die Natur die richtigen Entscheidungen trifft. Und wenn einmal Schädlinge auftreten, ist dies ein Zeichen, dass etwas aus dem Gleichgewicht geraten ist. Auf spiritueller Ebene stellen sie dieses

Gleichgewicht dann wieder her – nie würden sie gegen die Natur kämpfen.

Mit den Einnahmen aus dem Kaffeeverkauf kaufen sie ihre heiligen Stätten zurück und finanzieren die Reisen zu uns und in die ganze Welt, um uns um Unterstützung bei der Heilung der Erde zu bitten. Sicher eine große Aufgabe, auch für Oliver. Es bleibt zu hoffen, dass sie weiter Vorträge und Workshops abhalten mit dem Ziel, gemeinsam voneinander zu lernen in Bezug auf agrarökologische Themen und spirituelle Ansätze in der Produktion von Nahrungsmitteln. Auch das Zusammenleben in Gemeinschaften und wie wir – auch von ihnen – wieder lernen können, im Einklang mit der Natur leben, sind Themen ihrer Vorträge.

Ich glaube, dass dieses letzte Kapitel der geeignete Abschluss für dieses Buch ist. Es gibt Anregungen und zeigt Lösungen auf, wie jeder einzelne Einfluss nehmen kann. Mir ist bewusst, dass ich natürlich auch Werbung für den Kaffee der Kogi mache ... Vielleicht kennen Sie noch mehr solcher Projekte, sei es für Heilpflanzen oder andere Dinge. Es ist als Beispiel von mir gedacht für das, was möglich ist, und zeigt auf, wie viel Engagement manche Menschen aufbringen, um ihren Beitrag zu leisten. Der eine macht es hauptberuflich, der andere nebenberuflich und der nächste vielleicht nur in der Form, dass er jetzt achtsamer mit

Ressourcen umgeht oder die Menschen – in welcher Form auch immer – unterstützt, die so engagiert sind. Jeder kann frei entscheiden, wo er für sich einen Ansatz findet.

Fassen wir noch einmal zusammen, was Sie persönlich für die Erdheilung tun können:

- Gehen Sie mit offenen Augen durch die Natur!
- Halten Sie ab und zu inne, seien Sie dabei ganz im Hier und Jetzt und betrachten Sie sich Orte oder Plätze. Lassen Sie diese auf sich wirken. Wirkt es harmonisch? Oder eher als Störfaktor? Haben Sie Impulse, was man verändern könnte, um es besser in die Landschaft einzufügen oder harmonischer zu gestalten?
- Schützen Sie die Natur, so gut es geht! Respektieren Sie, wenn nicht alles in der Natur zugänglich ist, damit sie dort ihre Ruhe hat und Tiere Rückzugsorte finden können.
- Versuchen Sie, den Konsum von Produkten, die die Umwelt belasten, zu reduzieren!
- Schaffen Sie zu Hause ein Wohlfühlambiente, denn wenn Sie eine gute Energie haben und ausstrahlen, beeinflussen Sie damit auch Ihr Umfeld!

- Haben Sie einen Garten? Dann schauen Sie, ob Sie langweilige Grünflächen nicht auch als Heimat und Zufluchtsort für Insekten und Vögel umgestalten können!

- Trainieren Sie Ihr Wahrnehmungsvermögen spielerisch. Trauen Sie sich zu experimentieren! Man wächst im Laufe seines Lebens und lernt dazu – und dann hat man wieder ganz andere Wahrnehmungen. Vielleicht interessiert Sie der Umgang mit der Rute oder einem Pendel, um bestimmte Felder aufzufinden.

- Wenn Sie zu Hause unzufrieden sind oder nicht weiterwissen, holen Sie sich Unterstützung. Manchmal haben Freunde eine Idee. Vielleicht interessieren Sie sich auf einmal für Feng-Shui, dann stimmen Sie Ihr Wissen mit einem Feng-Shui-Berater ab. Wollen Sie mehr über Schadstoffe wissen, suchen Sie Rat bei einem Baubiologen.

Weiterführende oder unterstützende Literatur

Sabine Kühn, *Pendeln für Einsteiger*, Silberschnur 2014

Sabine Kühn, *Aura sehen für Einsteiger*, Silberschnur 2015

Sabine Kühn, *Jetzt sein*, Silberschnur-Verlag 2014

Ulla Knoll, Sabine Kühn, *Praktische Traumarbeit*, Silberschnur 2013

Sabine Kühn, Dirk Seufert, *Aura sehen kann jeder*, Schirner 2013

Marko Pogačnik, *Schule der Geomantie*, Knaur 1996

Petra Gehringer, *Geomantie*, Neue Erde 1998

Michael Gienger, *Lexikon der Heilsteine*, Osterholz 1997

Georg Huber, *Energetische Hausreinigung*, Schirner 2009

Über die Autorin

Sabine Kühn arbeitet als Autorin, Aura-Fotografin und unterrichtet neben zahlreichen Pendeltechniken und Reiki verschiedene Selbsthilfemethoden. Wichtig ist ihr hierbei, dass die Methoden möglichst eine Hilfe zur Selbsthilfe, einfach in der Anwendung, alltagstauglich, zeiteffizient und zwanglos sind sowie Freude bringen.

www.sabinekühn.de

Weiterführende Informationen zu
Büchern, Autoren und den Aktivitäten
des Silberschnur Verlages erhalten Sie unter:
www.silberschnur.de

Natürlich können Sie uns auch gerne den
Antwort-Coupon aus dem beiliegenden
Lesezeichenflyer zusenden.

Ihr Interesse wird belohnt!

168 Seiten, mit Abb., broschiert
ISBN 978-3-89845-449-0
€ [D] 6,95

Sabine Kühn

Pendeln für Einsteiger

Pendel & Tensor

Ein praktischer Einstieg in die Arbeit mit Pendel und Tensor, der Ihr Leben bereichert.
Pendel und Tensoren sind wertvolle Hilfsmittel, die Ihnen helfen, sich mit Ihrem Unterbewusstsein in Verbindung zu bringen, bisher Verborgenes zu entdecken und mehr über sich zu erfahren.
Die erfahrene Pendel-Lehrerin Sabine Kühn bietet einfache Anleitungen, praktische Pendelübungen, Testlisten und Diagramme, mit denen Sie schnell und einfach in die Pendelarbeit einsteigen können. Nutzen Sie Pendel und Tensor, um Ihre Persönlichkeit, Ihr Wachstum und damit Ihre spirituelle Entwicklung zu fördern oder auch um Lebens- und Heilmittel für sich zu testen.

120 Seiten, broschiert
ISBN 978-3-89845-426-1
€ [D] 6,95

Sabine Kühn

Jetzt sein!

Schnelle Zentrierung & Kraftgewinnung

Es gibt Zeiten, in denen man gestresst, hektisch und alles andere als zentriert ist. Fast jeder kennt diese Situationen – doch wie dagegensteuern?
Sabine Kühn hat eine Lösung gefunden, die Sie um den drohenden Burn-out leitet. Etwas Einfaches. Etwas Schnelles. Damit kehrt die Struktur wieder in Ihr Leben zurück, ebenso der klare Kopf, der es Ihnen ermöglicht, die Ursachen des Stresses zu erkennen und ihn leichter abzubauen. Die Kraft des »JETZT SEIN« hilft Ihnen, sich zu zentrieren, um wieder Kraft, Ruhe und Gelassenheit zu finden. Mit vielen praktischen Übungen.

192 Seiten, Farbteil, brosch.
ISBN 978-3-89845-407-0
€ [D] 6,95

Sabine Kühn

Aura für Einsteiger

sehen · lesen · stärken

Jeder Mensch kann Aura sehen und lesen – auch ohne über mediale Begabungen zu verfügen.
Die erfahrene Aura-Fotografin Sabine Kühn bietet einfache Anleitungen und praktische Übungen, mit denen Sie schnell und einfach die Grenzen Ihres physischen Sehens erweitern. Sie lernen, feinstoffliche Aspekte von Menschen wahrzunehmen und die Aura zu lesen und zu deuten, ja sogar zu stärken. Auralesen wird eine Bereicherung für Ihr Leben sein: Es unterstützt Entscheidungen aller Art, stärkt das Selbstvertrauen und bringt Harmonie in zwischenmenschliche Konflikte.

160 Seiten, broschiert
ISBN 978-3-89845-396-7
€ [D] 6,95

Ulla Knoll & Sabine Kühn

Praktische Traumarbeit

Verändern Sie mithilfe Ihrer Träume Ihr Leben.
Träume gelten schon seit der Antike als Wegweiser und Quelle des Wissens, die allen Menschen zugänglich ist, die gelernt oder verstanden haben, ihre Träume richtig zu interpretieren und zu nutzen. In diesem Buch lernen Sie, Traumarbeit aktiv in den Alltag zu integrieren und dadurch Lösungen für Ihre Probleme zu finden. Identifizieren Sie Ihre persönlichen und beruflichen Träume, und setzen Sie sie um. Gewinnen Sie Klarheit über das, was Sie erreichen wollen in Ihrem Leben. Traumarbeit, wie Sie sie noch nicht kennen!

160 Seiten, broschiert
ISBN 978-3-89845-361-5
€ [D] 12,90

Otto Höpfner

Einhandrute und Pyramidenenergie

Ein praktischer Ratgeber

Zahllose Strahlungen und Felder beeinflussen unser Wohlbefinden – und nur wenige Geräte können uns dabei helfen, diesen Einflüssen zu entgehen, wie Otto Höpfners hochempfindliche Einhandrute, die Höpfner- Pyramide und der phantastische Strahlen-Konverter.
Dieser Ratgeber zeigt anhand von praktischen Beispielen, wie auch der Laie krankmachende Strahlen erfassen und durch die Pyramidenenergie verbessern kann. Er führt uns auf neue Wege zum Schutz unserer Gesundheit, egal, ob es sich um die Verträglichkeit von Nahrungsmitteln und Medikamenten, Störzonen am Schlafplatz oder andere krank machende Störfaktoren handelt. Eine faszinierende Fundgrube für Gesundheitsbewusste!

208 Seiten, broschiert
ISBN 978-3-89845-414-8
€ [D] 14,95

Heidi Findeis

Die Kraft der Naturmystik

Mit der Spiritualität der Natur sich selbst spüren

Heidi Findeis begleitet uns mit einfühlsamen Übungen und schamanischem Wissen auf unserem ganz persönlichen Weg. Wir erfahren die Wandlung aus einem beengten Leben in die Weite und Größe unserer wahren Existenz, in der die Kraft des Universums dafür sorgt, dass wir alle gehalten werden.
Die Autorin beschreibt den Schamanismus dabei erstmals nicht als bloße Technik, die wir praktizieren, sondern als eine neue Art zu leben. Als eine Möglichkeit, unser Leben zu bereichern und es groß werden zu lassen.
Ein Buch, das erhebt und zum Zauber des Lebens geleitet ...

240 Seiten, gebunden
ISBN 978-3-89845-517-6
€ [D] 19,95

Wilhelm Mohorn

Raumenergie – Das decodierte Rätsel

Neue Energiequellen zum Nulltarif

Unsere Energiequellen versiegen nach und nach und neue Energien sind teuer und nicht immer ausreichend vorhanden. Wir brauchen dringend eine Alternative für eine neue, preiswerte, saubere Energie. Wilhelm Mohorn erläutert eine der faszinierendsten Entdeckungen auf dem Energiesektor. Die Raumenergie ist unerschöpflich, umweltfreundlich, ungefährlich und kann kostenfrei genutzt werden. Er erklärt die konkrete Anwendung der Raumenergie und zeigt, dass jeder bereits heute von dieser Energie-Revolution profitieren und sich diese neue Energiequelle zum Nulltarif zunutze machen kann.

460 Seiten, gebunden
ISBN 978-3-930243-14-3
€ [D] 24,60

Callum Coats

Naturenergien – verstehen und nutzen

Viktor Schaubergers geniale Entdeckungen

Ein Buch, das unser Denken verändern und wesentlich zur Versöhnung von Natur und Technik beitragen kann! Callum Coats führt uns in das Werk des Erfinders Viktor Schauberger und in die faszinierenden Geheimnisse der Natur ein – mit Themen wie: das Energiepotenzial von Wasser und Wirbeln, revolutionäre landwirtschaftliche Hilfsmittel, UFO-artige Maschinen und Flugapparate, dezentrale Energiegeneratoren u.v.m.

Ein wichtiges Buch in der heutigen Zeit, in der unsere lebensfeindliche Technologie im Begriff steht, Mensch und Umwelt zu zerstören – jetzt gewinnen Schaubergers bahnbrechende Erkenntnisse und Erfindungen zunehmend an Relevanz.